Pour mon mari et mes garçons - parce que sans votre amour
et vos encouragements, sans cette motivation que vous représentez
pour moi au quotidien, je serais encore un rhinocéros gris.

« Il y a une excellente raison de lire le Rhino Orange : elle nous aide à nous sentir mieux en tant que parents même lorsque nous sommes dépassés - et qui ne l'est pas, parfois ? Mais *Crier moins et s'aimer mieux* ne s'arrête pas là. C'est un véritable programme pour arrêter de crier, complété par des étapes quotidiennes, des actions, des idées-clés et des conseils originaux et efficaces. En suivant ce programme, vous serez capable de fonctionner autrement. Et dans quelques mois, lorsque vous regarderez en arrière, vous réaliserez que la dernière fois où vous avez crié est déjà loin. Bien organisé, enthousiasmant, drôle, bienveillant et EFFICACE ! »
— Dr Laura Markham, auteure d'un ouvrage sur la pédagogie positive *Peaceful Parent, Happy Kids* et créatrice d'un site traitant de ces problématiques (www.ahaparenting.com).

« Avec sagesse et humour, Sheila devient rapidement une amie, un soutien, un mentor qui, en douceur, vous apprend à gérer vos frustrations, tout en renforçant votre confiance en soi. Vous aurez plaisir à lire ce livre de Self-Help et vous vous surprendrez à vous reposer dessus pour trouver l'amour et l'aide dont vous avez besoin quand vous avez peur de perdre pied. »
— Laura Deutsch, co-fondatrice d'un site d'aide parentale (mommybites.com).

« J'ai aimé chaque mot de ce livre. Les conseils de Sheila sont honnêtes, drôles et surtout, efficaces ! En tant que psychiatre et mère de deux jeunes filles, je recommande fortement *Crier moins et s'aimer mieux*, tant sur le plan personnel que professionnel. »
— Carla Naumburg, psychiatre, auteure d'un ouvrage sur l'éducation bienveillante *Parenting in the Present Moment.*

« *Crier moins et s'aimer mieux* est un livre enjoué et plein d'esprit, écrit par une maman qui est passée par là et n'a pas peur de se mettre à nu en confiant ses victoires à l'arrachée comme ses moments les plus embarrassants. Sheila n'édulcore pas, elle ne fait pas la morale, elle vous accompagne. J'ai terminé le livre en pensant que je pouvais le faire ; je peux arrêter de crier et témoigner à mes enfants tout mon amour pour eux. Ce livre nous montre comment y arriver - avec bon sens, humour et affection. »
— Galit Breen, bloggeuse, auteure et maman de trois petites terreurs reconverties.

« Un livre à lire ABSOLUMENT. La voix sympathique et honnête de Sheila est celle d'une amie très chère, toujours prête à vous aider et vous féliciter ! »
— Melissa Kaye, co-fondatrice d'un site d'entraide parentale (mommybusiness.net).

« Ce livre est une bouée de sauvetage pour retrouver votre lucidité et vous aider à arrêter de crier sur vos enfants. Grâce aux idées pratiques et simples de Sheila, vous pourrez découvrir le parent calme et attentionné vous avez toujours espéré être. Elle ne vous culpabilise jamais ; mais vous responsabilise et vous montre comment n'importe qui peut commencer dès aujourd'hui à vraiment *Crier moins et s'aimer mieux.* »
— Alissa Marquis, fondatrice et rédactrice en chef d'un site sur l'éducation bienveillante (CreativeWithKids.com).

La présente édition de ce livre a été publié aux États-Unis en 2014 par © Fair Winds Press.
Texte : © 2014 Sheila MacCraith

Le Rhino Orange, et le Défi Rhino Orange (The Orange Rhino®, The Orange Rhino Challenge®), ainsi que le logo du rhinocéros avec les oiseaux roses sont des marques déposées.

Conception graphique (intérieur et couverture) : Carol Holtz
Photographies : Christine DeSavino

Édition française :
Direction éditoriale : Guillaume Pô, Tatiana Delesalle
Édition : Julie Cot
Traduction : Aurore Aimelet
Direction artistique : Isabelle Mayer
Mise en pages : Catherine Enault

15/27, rue Moussorgski
75895 Paris cedex 18
Dépôt légal : mai 2015
ISBN : 978-2-317-01718-6
MDS : 63182

Imprimé en Chine par 1010 Printing International Ltd en mai 2015

Avertissement :
Les informations contenues dans cet ouvrage ont une portée éducative. Elles ne remplacent pas les conseils d'un médecin ou d'un pédopsychiatre. Sollicitez toujours un professionnel de santé qualifié pour toute question ou préoccupation. Les renseignements fournis ici n'engagent que le lecteur.

Sheila McCraith

parents-enfants

CRIER MOINS S'AIMER MIEUX

Relevez le défi :

- Un programme à suivre jour après jour
- 100 solutions pour ne pas crier
- Des exemples concrets et pleins d'humour

MANGO

Le Rhino Gris : animal tenace et vigoureux, qui est naturellement paisible mais adopte un comportement agressif quand il est provoqué.

Le Rhino Orange : personnage déterminé et énergique qui choisit de ne pas charger avec des mots et préfère rester calme, affectueux et chaleureux en cas de provocations.

SOMMAIRE

L'histoire du Rhino Orange

Je suis la maman de quatre merveilleux garçons : James, Edward, Andrew et Mac. Je n'ai obtenu aucun doctorat pour les sujets abordés dans ce livre. Mon seul rapport avec un docteur est que je veux me soigner ! J'ai la volonté de crier moins et d'aimer davantage.
Je suis une râleuse en convalescence !

J'avais l'habitude de m'effondrer le soir dans mon lit et de me plaindre à mon mari, après avoir encore gâché la soirée en hurlant sur mes garçons : « Dépêchez-vous », « Arrêtez de vous battre » « Vous allez au lit et vous dormez. Maintenant ! » J'essayais d'ignorer l'immense culpabilité, la douleur que j'éprouvais après ce comportement horrible pour pouvoir m'endormir. Mais inévitablement je restais éveillée en pensant à quelle terrible personne j'étais, quel terrible parent j'étais. Les yeux grands ouverts, je m'interrogeais « *Comment, mais comment, ai-je pu en arriver là, à ne faire que crier ? Comment suis-je devenue cette personne ? Jamais je n'aurais imaginé hurler en permanence ! Et voilà. Avant je ne criais jamais. Aujourd'hui, je crie rarement sur les autres. Alors pourquoi, oui pourquoi, je crie sur mes enfants ? Je les aime tellement. C'est quoi mon problème ? Aucun parent ne hurle ainsi. Qu'est-ce qui ne va pas chez moi ?* »

Pendant des mois, je me suis parlé ainsi plusieurs soirs par semaine. C'était terrible mais je ne pouvais pas m'en empêcher. Je ne pouvais que le cacher. Je craignais le jugement, l'isolement et l'embarras si je partageais mes difficultés, donc je les gardais pour mon mari et moi. Le résultat ? Je me sentais incroyablement seule, comme si j'étais l'unique personne à se débattre avec ses cris. Je me sentais incroyablement honteuse parce que je n'avais jamais entendu quiconque se plaindre de ses hurlements. Je me sentais incroyablement nerveuse parce que je n'avais aucune idée de comment arrêter de crier.
Le temps passait, la culpabilité qui me tordait l'estomac a commencé à durer davantage que ces quelques heures pendant la nuit, les larmes et les réflexions de mes garçons déchiraient mon cœur de plus en plus profondément. Je savais que mes cris faisaient mal à mes enfants,

qu'ils faisaient peur à mes enfants, qu'ils faisaient honte à mes enfants, et qu'ils ne montraient rien de mon amour pour eux. Je savais que je voulais changer mais je ne parvenais pas à trouver la détermination, le courage et la volonté de le faire radicalement.
Jusqu'au 20 janvier 2012, le jour où une nouvelle relation avec mes garçons, mon mari, ma vie et moi-même a enfin commencé.

L'origine d'un défi

Ce vendredi matin, un ouvrier m'a surpris en train de crier sur mes garçons, alors âgés de moins de cinq ans. J'étais rouge de colère, mon corps tremblait, je n'étais qu'un hurlement ! J'étais mortifiée par mon comportement... et, après mure réflexion, bien décidée à en changer. Je ne pouvais plus prétendre que ces cris n'étaient pas un problème. Je ne pouvais plus croire à mes excuses pour ne pas changer : je suis trop fatiguée, je n'ai pas le temps, rien d'autre ne fonctionne, les enfants grandiront et ce ne sera pas un problème... Et je ne pouvais plus accepter que mes enfants commencent à me considérer comme une folle, une mère méchante et effrayante, au lieu d'une mère aimante, patiente, une mère ferme mais gentille, la mère que j'avais toujours voulu être et que, au plus profond de moi-même, je savais pouvoir être.

C'en était fini des cris. **Le lendemain matin, je me suis engagée auprès de ma famille à tenir 365 jours sans crier; comme ça, sans détours!** J'ai promis que, s'il m'arrivait de crier, je remettrais le compteur à zéro. Et si vraiment, vraiment, je hurlais, le compteur repartirait à J - 2 jours. C'était un programme intense, mais le sevrage brutal convenait bien à ma personnalité et était exactement ce dont j'avais besoin pour changer de comportement. Ensuite, j'ai ouvert un blog pour parler publiquement de mes progrès et me responsabiliser. Mais aussi, et peut-être plus encore, dans l'espoir de trouver du soutien et me sentir moins seule. Il s'est avéré que, plus j'écrivais et partageais mes difficultés, plus je découvrais des mamans, des papas, des grands-parents, des enseignants, des nounous du monde entier concernés par mon combat, qui comprenaient mes sentiments de honte, de déception et de frustration. Je n'étais absolument pas seule – et vous ne l'êtes pas non plus !

Dans un premier temps, j'ai appelé mon blog le projet « 365 jours sans un cri ». Mais j'aspirais à quelque chose de plus ; je cherchais un symbole pour mon défi, une source d'inspiration à laquelle je pourrais jeter un œil en cas de difficultés pour me rappeler ma promesse. J'ai cherché et cherché jusqu'à un matin, après avoir installé tous les garçons dans la voiture. Alors que j'attachais James, il m'a hurlé dans les oreilles. Je lui ai dit tranquillement : « James, si Maman ne peut pas crier, qu'en est-il pour toi ? »
Il m'a regardé droit dans les yeux et, avec un doigt dans le nez, m'a répondu tout aussi calmement : « Je ne peux pas crier mais je peux encore me mettre les doigts dans le nez ! ».
Je n'ai pas pu m'empêcher de rire. Le soir même, j'ai googlisé « origine du nez » et suis finalement tombée sur « rhinocéros ». Quelques clics plus loin, j'ai appris que les rhinocéros étaient des animaux naturellement calmes et paisibles mais qui, en cas de provocation, pouvaient se montrer agressifs et charger. Ah, ah ! J'étais moi-même un rhino. Je pouvais être une maman calme, mais, à la moindre provocation, je chargeais avec des mots ! Mais, oh, oh, je ne voulais plus être un rhinocéros gris ; je ne voulais plus être agressive. Je ne voulais plus charger avec des mots. Je voulais être chaleureuse et aimante, comme la couleur orange, qui symbolisait la détermination et l'énergie dont j'avais besoin. Et voilà comment le défi « Rhino Orange » est né !

« L'échelle des cris » et les principes du défi

C'était génial d'avoir enfin un nom et un symbole inspirant, mais j'ai rapidement eu un problème de taille. J'ai vite compris qu'il était difficile de définir ce que « sans crier » signifiait en réalité ! Est-ce que je pouvais élever la voix ? Qu'est-ce qu'était une voix « ferme » ? Quid d'un accident ? En cas d'urgence, est-ce que j'avais le droit de crier ? C'est ainsi qu'est né mon « échelle des cris », un tableau que j'ai suivi à la lettre jusqu'au 6 février 2013, date de mon premier anniversaire sans cris !

L'échelle des cris du Rhino Orange	
ACCEPTABLE	• **Niveau 0 : la voix de tous les jours.** C'est celle qui dit « La vie est belle, j'adore être une maman et avoir ces petites conversations avec mes enfants. » Sérénité et bonheur s'entendent derrière chaque mot. Les signes qui ne trompent pas : en vous-même, vous pensez « Wow ! C'est un moment si agréable, je vais en profiter » et vous espérez que la journée reste aussi sereine.
	• **Niveau 1 : le murmure.** La voix est calme, presque inaudible, c'est celle qu'utilise la maîtresse d'école pour obtenir l'attention, le respect et l'obéissance. Les signes qui ne trompent pas : vous pouvez à peine l'entendre, et cela fonctionne comme par magie.
	• **Niveau 2 : la voix qui redirige.** C'est une voix claire, affectueuse et patiente, qui ne montre aucune irritation, mais dit calmement que vous n'aimez pas tel comportement, explique pourquoi et propose une nouvelle activité. Les signes qui ne trompent pas : quand vous l'utilisez, vous vous félicitez d'avoir suivi à la lettre les conseils d'un magazine parental, pour une fois.
	• **Niveau 3 : la voix ferme (potentiellement élevée).** Il s'agit de la voix « Je ne plaisante pas », occasionnellement accompagnée de sourcils surélevés et de menaces plus ou moins vaines. Les signes qui ne trompent pas : vous êtes toujours calme et il n'y a aucun préjudice moral, mais vous vous demandez quand (et pas si) vous allez vous énerver pour de bon, vous êtes de plus en plus impatiente.

L'échelle des cris du Rhino Orange	
ACCEPTABLE	• **Niveau 4 : la voix « ça suffit ».** « Stop ! C'est bon ! Assez ! » La situation commence à se gâter mais est encore sous contrôle. Ce n'est pas une longue tirade ; la voix est forte, les mots sont succincts… Juste assez pour que les enfants s'arrêtent une seconde et réfléchissent si, oui ou non, ils vont poursuivre leurs hostilités. Les signes qui ne trompent pas : votre pression artérielle s'élève légèrement, mais vous vous calmez rapidement et pensez en votre for intérieur « Mince, je ne voulais pas en arriver là. »
PAS COOL : Retour à la case départ	• **Niveau 5 : la colère.** « Bon sang. Arrête ça tout de suite. Tais-toi. » La remontrance est de courte durée, mais elle est pleine de venin. Les signes qui ne trompent pas : votre sang commence à bouillir, vos cordes vocales se réchauffent, vous vous préparez à un long discours ; en vous-même, vous pensez « Oups. Est-ce que j'ai dérapé ? » Si vous vous posez la question, c'est que vous avez dérapé.
	• **Niveau 6 : le cri.** Il est fort. Vous savez qu'il est fort. Et il est mauvais. Vous savez que vous avez franchi la ligne, il n'y a aucun doute. Les signes qui ne trompent pas : les larmes de vos enfants sont un assez bon indicateur, comme le sont les portes qui claquent et leurs propres hurlements « Tu es méchante et je ne t'aime plus. »
PAS COOL DU TOUT : Retour à la case départ, moins 2 jours	• **Niveau 7 : le cri de rage.** Il est un cran au-dessus du cri, il est tout à fait intentionnel, méchant, blessant et hystérique – des deux côtés. Les signes qui ne trompent pas : le corps tremble et il est difficile de le calmer ; des sentiments de culpabilité et de honte traversent celui qui a hurlé (du moins, c'est mon cas…) et la colère, la tristesse et la peur se lisent chez l'enfant ; après la crise, la gorge est sèche.

EN CAS D'URGENCE (un enfant court dans tous les sens en pleine rue, il s'apprête à toucher une poêle brulante, etc.) je m'autorise une voix de niveau 6 ; mais je crie *pour* l'enfant pas *sur* l'enfant. Il s'agit là d'un moyen pour attirer son attention. Cette remontrance DOIT être suivie d'une explication à l'aide d'une voix ferme de niveau 3 ou en dessous, sinon elle n'a aucun sens.

Comment utiliser ce livre et devenir un Rhino Orange ?

Je suppose que mon « échelle des cris » et mon défi sur une année peuvent vous faire un peu peur. Je le sais puisqu'ils m'ont fait peur à moi ! Je me demandais « *Dans quoi je m'embarque ? Comment vais-je faire sans crier ?* » et j'étais inquiète. Oui, je sais par expérience que l'idée d'apprendre à « crier moins et s'aimer mieux » est assez intimidante et à juste titre ! Mon parcours n'a pas été facile parfois et j'ai souvent voulu abandonner. Mais, il y avait aussi beaucoup de plaisir et des changements très positifs. Je peux dire en toute confiance que je ne suis pas seulement une personne plus calme depuis que j'ai commencé ce défi mais aussi une personne plus heureuse, plus sereine et plus forte. Et, j'ajoute très sincèrement que je n'y serais jamais arrivée sans le soutien phénoménal de la communauté des Rhinos Orange, et sans les étapes qui jonchent le parcours. Non seulement, cet ouvrage décrit ces étapes, mais il les décompose en étapes encore plus petites pour que le voyage vous semble accessible.

Sachant qu'être parent est synonyme de stress, de fatigue et de manque de temps, j'ai organisé ce livre en trente sections quotidiennes courtes, abordables et faciles à suivre. Chaque journée commence par une anecdote personnelle ; elle est suivie d'un résumé des principales prises de conscience qui m'ont permis d'avancer, puis des pistes d'action qui reflètent mon parcours, d'une citation source d'inspiration et enfin, de trois conseils pour vous aider au quotidien :

C'EST COOL	Comment rester cool et dans de bonnes dispositions pour que le volume de votre voix n'augmente pas au fil de la journée – des mesures préventives, en quelque sorte.
C'EST CHAUD	Comment vous ressaisir avant de perdre votre sang-froid et que la colère ne s'empare de vous.
C'EST BOUILLANT	Comment arrêter de crier lorsque vous êtes totalement à cran et que les hurlements fusent.

Ma seule suggestion pour vous qui allez lire et utiliser ce livre est de vous souvenir que **la première étape pour crier moins est de savoir qu'aucune « obligation » n'est autorisée pendant la lecture !** J'ai sans doute l'air de plaisanter mais loin s'en faut. Ce qui déclenchait le plus souvent ma colère était de songer à tout ce que je « devais » faire selon les livres et les articles consacrés aux parents, tout ce que j'avais entendu des uns et des autres. Alors, laissez cet ouvrage vous guider et vous donner des idées pour construire votre propre chemin et devenir un Rhino Orange ; ou laissez-le vous dire exactement comment y parvenir. Il n'y a aucune bonne manière d'utiliser cet ouvrage, sauf évidemment, votre bonne manière à vous !

Mon « échelle des cris » et mon défi sur une année vous semblent pertinents ? Adoptez-les ! Ils ne vous correspondent pas ? Ajustez-les ! Vous pouvez, si vous le souhaitez, plutôt que de retourner à la case départ, arrêter le compteur puis le redémarrer après une journée réussie.

Vous aimez lire des livres d'un trait ? Allez-y ! Ou lisez le livre jour après jour, comme prévu. Vous avez manqué une journée ? Ce n'est pas grave. Oui, il s'agit d'un guide de trente jours, mais s'il vous prend plus de temps, c'est bien aussi.

Vous manquez de temps ? Ne lisez que les conseils et les clés, clairement identifiables ; grâce aux zones colorées, vous les retrouverez facilement dès que vous aurez une minute à vous !

Vous trouvez certains mes conseils (comme crier dans les toilettes ou frapper sur des casseroles pour organiser un concert et relâcher la pression) trop fous et stupides ? Alors, optez pour les conseils plus traditionnels, comme s'éloigner, prendre de profondes respirations et vous soucier de votre sommeil.

Vous n'avez pas le temps de lire mais souhaitez vous rappeler qu'il vaut mieux crier moins et s'aimer mieux ? Eh bien, peut-être pouvez-vous laisser ce livre en évidence dans l'un des endroits potentiellement propices aux disputes ? Dans la cuisine, tel un dessous de plat. Ou dans la salle de bains, pour le voir chaque matin ? Encore une fois, j'ai l'air de plaisanter mais pas du tout !

Blague à part, voilà un point important : bien que cet ouvrage soit fondé sur mon parcours, il s'agit maintenant de votre voyage. Alors, évitez de vous inquiéter et ne vous sermonnez pas sur tout ce que vous « devriez » faire en lisant ce livre ! Vous savez ce qui fonctionne le mieux pour vous ; faites-vous confiance, à vous et à votre instinct.

Et s'il vous plaît, s'il vous plaît, n'oubliez pas que, même si vous vous apprêtez à devenir un Rhino Orange, vous êtes un être humain ! **Ce voyage n'invite pas à la perfection mais à la progression.** Peut-être allez-vous progresser au rythme que vous désirez, peut-être pas. Quoi qu'il en soit, ce n'est pas grave. Ce qui compte vraiment, c'est que vous avanciez, que vous râliez moins, que vous aimiez plus, petit à petit.

Toutes mes pensées vous accompagnent sur ce chemin,
Sheila,
Alias Le Rhino Orange.

1

Amorcer le changement

« **Plusieurs de nos rêves nous paraissent impossibles,** puis ils donnent l'impression d'être improbables, et quand nous faisons appel à notre volonté, ces rêves deviennent bientôt incontournables. »

—Christopher Reeve

Je n'ai jamais rêvé d'être un parent qui crie. Mais je n'ai jamais rêvé que, après des années de hurlements, je serais en mesure de devenir un parent zen. Moi, devenir zen ? Impossible ! Je ne sais pas comment attirer l'attention de mes enfants sans élever la voix. Je ne sais pas comment gérer ma frustration quand ils se chamaillent sans me mettre en colère. Je ne sais pas comment gérer mon stress sans hurler. Me faire surprendre par l'ouvrier m'a cependant donné la volonté de rendre l'impossible, possible. Le soutien de ma famille, celui de mes amis, d'inconnus mais aussi de pense-bêtes, comme des post-it ou des serviettes orange, ont renforcé ma motivation, même lorsque j'éprouvais des difficultés. Oui, j'ai dû m'y prendre à plusieurs reprises pour cesser définitivement de crier ; mais, rétrospectivement, je réalise que j'ai arrêté tout de suite après la mise en place de quelques éléments importants. Ces cinq premiers jours se concentrent sur ces fondements et créent les bases qui vous aideront à devenir un parent posé et serein ; votre rêve n'est pas seulement possible, il est incontournable.

Jour 1

Admettre qu'un changement est nécessaire : le moment « Bon, ben, va falloir faire autrement. »

Vendredi 20 janvier 2012. Le jour qui a commencé dans la honte mais a fini par être une source d'inspiration ; le jour que je n'oublierai jamais ; le jour qui a vraiment symbolisé le début d'une nouvelle vie pour moi.

James avait cinq ans, Edward trois ans et demi, Andrew deux, et Mac seulement six mois. J'avais trente-quatre ans et déjà derrière moi un nombre de cris inavouables. Après avoir couché Mac pour sa sieste du matin, j'ai rassemblé les grands dans ma chambre parce que je devais ce jour-là utiliser le tire-lait et les surveiller en même temps. J'ai fermé la porte pour que les garçons ne puissent pas se faufiler puis j'ai branché la machine, en espérant que la tâche soit achevée avant d'avoir besoin d'intervenir et de faire cesser les disputes inhérentes au confinement dans une même pièce pendant dix minutes. Épuisée grâce à une « excellente » nuit de sommeil (non pas un, non pas deux, mais trois de mes garçons avaient du mal à dormir), ma tolérance pour les manigances était au plus bas. Eh bien, après seulement trente secondes de tire-lait, mes fils ont mis la main sur les pièces de rechange de l'appareil – les tubes supplémentaires, le piston pour la pompe, les embouts de rechange. Avant même de pouvoir intervenir, ma chambre avait été transformée en champ de bataille. Tout en criant (évidemment, pourquoi rester calme pendant la sieste ?!), l'un d'entre eux prenait les tubes pour des télécommandes, l'autre utilisait le piston comme une épée et le troisième s'amusait à catapulter les embouts à travers la pièce. Puis le jeu s'est intensifié et ils ont commencé à courir dans tous les sens en hurlant encore plus fort et en sautant sur et depuis mon lit – vous savez, le lit que je venais tout juste de faire et qui était maintenant *défait*. Super.

Je n'avais pas envie de craquer. Mais il fallait arrêter cette folie. Je voulais juste peu de tranquillité pendant dix minutes ! C'était trop demander ? Bon, je sais, la question restait dans le domaine de la rhétorique. J'ai demandé gentiment à mes garçons de s'arrêter ; de s'asseoir, bras et jambes croisés et de me parler de ce qu'ils aimeraient faire ce jour-là. J'ai essayé de lire un livre. Zut, j'ai essayé tous les trucs des magazines afin de ne pas devenir folle de rage, comme je le deviens quand je suis poussée à bout. Bien sûr, rien n'a fonctionné, et comme j'étais attachée au sacro-saint tire-lait, je ne pouvais pas facilement me lever et intervenir. Non, je ne pouvais pas me positionner face à eux, établir un contact visuel, doucement placer ma main sur leurs épaules et leur expliquer en des termes appropriés que s'ils n'arrêtaient pas IMMÉDIATEMENT, Maman allait foutrement péter les plombs. Vous le savez, parce que c'est ce que tous les livres sur la parentalité recommande – pas le pétage de plombs bien sûr, mais les conseils précédents. J'ai encore demandé poliment aux garçons de s'arrêter, et encore une fois, ils m'ont ignorée (le choc).

Alors, j'ai fait ce que j'ai pu.

J'ai fait ce que je savais faire.

J'ai fait ce que je faisais d'habitude quand j'étais dépassée par mes enfants.

J'ai crié.

Oui, le volcan que j'étais était en éruption. Dans un cri aigu et aussi fort que ma voix le permettait, j'ai hurlé « ARRÊTEZ TOUT DE SUITE. MAMAN A JUSTE BESOIN D'UNE MINUTE POUR RETROUVER SON CALME. S'IL VOUS PLAÎT. DONNEZ-MOI JUSTE UNE FOUTUE MINUTE ! » Enfin, le silence tant escompté est revenu, puis il a été interrompu par un bruit inhabituel à l'extérieur de la chambre. J'ai pensé « *Et m**de, quelqu'un est en train de cambrioler la maison.* » Nerveusement, j'ai demandé « Il y a quelqu'un ? » Nouveau silence (et cette fois, il n'était pas escompté). J'aurais voulu entendre la voix de mon mari ou de la baby-sitter. Enfin, j'ai entendu des pas descendre du grenier. « *C'est quoi ce...* » je pensais. J'ai rassemblé les garçons dans un coin de la pièce, leur ai ordonné de rester calmes et j'ai très prudemment ouvert la porte.

Là se tenait Luke, notre homme à tout faire. Neuf mois de travaux avaient été nécessaires pour faire une chambre à Mac et les ouvriers allaient et venaient à leur guise dans la maison. Il aurait été intelligent de m'en souvenir à ce moment-là !

« Oh, euh, Sheila, je suis juste là pour réparer deux trois choses. »

Embarrassée, j'ai répondu « Bonjour, Luke, euh... Vous avez tout entendu ? »

Avec un grand sourire narquois, il m'a dit « Oui, pourquoi ? C'est bon, vous savez. Une maman fait ce qu'une maman doit faire. »

J'étais mortifiée. MOR-TI-FIÉE.

Mortifiée que quelqu'un m'ait entendue.

Mortifiée de ne pas avoir su me ressaisir avant de hurler.

Mortifiée que mes difficultés aient atteint un tel niveau.

Je me suis excusée auprès de Luke puis me suis tournée vers les garçons « Je suis tellement désolée. Je vous aime beaucoup. Maman a fait une erreur, ce n'était pas la bonne façon de gérer mes contrariétés. » Toute la journée, je suis restée dans les nuages. Alors que j'étais bien là, auprès de mes fils, mon esprit, lui, était ailleurs. Je faisais la navette entre l'embarras et la déception et me demandais comment j'avais pu laisser les choses en arriver là. Au beau milieu de ce questionnement mental, une révélation de taille a changé ma vie.

Mes garçons sont mes spectateurs – mon public le plus important, celui qui est toujours là – et ce sont eux qui comptent. Ce sont eux que j'aime, eux qui me regardent tous les jours, apprennent de moi et attendent mon affection au quotidien !

J'ai réalisé que, pendant les neuf mois de travaux, alors que les ouvriers vivaient quasiment avec nous, et bien que je sois enceinte, donc extrêmement sensible, fatiguée et stressée, je n'avais pas beaucoup crié, parce que j'avais des spectateurs, un public que je voulais impressionner. Je m'étais efforcée de me maîtriser, de ne pas hurler parce que je voulais *apparaître* comme une mère merveilleuse, affectueuse, calme et patiente. Et j'avais réussi. Pourquoi ? En termes simples, parce que je craignais le jugement ; j'avais peur que les ouvriers aient une mauvaise impression de moi. Ma révélation s'est ensuite précisée quand j'ai pris conscience du revers de la médaille : *seule*, sans observateurs, libérée du jugement potentiel d'un collègue, d'un voisin ou d'un ami, je mettais beaucoup moins d'énergie à rester calme et à conserver mon self-control, je criais librement et fréquemment sur mes garçons, ce qui était totalement improductif !

Je ne voulais plus simplement *apparaître* affectueuse, patiente et sereine devant eux ; je voulais être affectueuse, patiente et sereine pour eux. Mes enfants méritaient que je m'efforce de rester calme, exactement comme je le faisais à l'épicerie, au café, au parc, ou n'importe où en dehors de la maison. **Ce que mes garçons pensaient de moi était infiniment plus précieux que ce que les étrangers pensaient de moi. Point.** Je ne voulais pas que mes fils me voient comme une mère qui hurle, s'enrage, devient méchante et effrayante.

J'ai réalisé que ma pseudo catastrophe n'était pas réellement une catastrophe, mais une occasion ; l'occasion de m'avouer à moi-même que j'avais besoin de changer ; l'occasion d'admettre que crier n'était pas normal.

Je voulais qu'ils pensent que leur mère était une personne aimante, patiente, ferme mais gentille. Je voulais qu'ils m'estiment et proclament « Ma maman est la meilleure maman du monde ! » Je ne voulais pas qu'ils me considèrent comme « une vieille sorcière », ni qu'ils me disent « Quand tu me cries dessus, j'ai l'impression que tu ne m'aimes plus » (comme je l'avais déjà entendu).

Ma révélation ne s'est pas arrêtée là ; elle s'est poursuivie, exactement comme mes hurlements, mais en ce cas, ce fut une bonne chose ! Durant cette période, je me sentais un peu comme dans le film *Apollo 13*, où le directeur de la NASA dit à Gene Kranz « Cela pourrait être la pire catastrophe que la NASA ait jamais rencontrée. » Et Gene répond « Avec le respect que je vous dois, Monsieur, je crois au contraire que cela va être notre jour de gloire. » Dans un premier temps, quand l'ouvrier m'a surpris en train de crier, j'ai cru que c'était la pire catastrophe personnelle qui pouvait m'arriver. LA PIRE. Mais ensuite, comme Gene, j'y ai vu l'occasion de me motiver plus que jamais pour modifier mon comportement, cesser de hurler et passer de bons moments avec mes enfants.
J'étais prête à changer. J'avais besoin de changer.

Aussi mortifiant, douloureux et embarrassant qu'avait été ce moment, il devait être et serait le dernier de son espèce. Bien sûr, il n'avait pas été si dramatique puisque mes enfants ne s'étaient pas réfugiés dans un coin pour pleurer, ils ne s'étaient pas enfuis, ils ne m'avaient pas regardée effrayés ; mais cela était chanceux, pas normal. En outre, alors que leurs réactions étaient bénignes, mes cris ne l'étaient pas. C'était chaud bouillant, et mon intention était bien de faire peur et de blesser mes enfants. Pourquoi ? Pourquoi faire cela ? J'aime mes enfants et je ne veux pas être effrayante à leurs yeux. Je ne veux pas leur faire peur !
Oui, les cris devaient cesser. Oui, je devais changer.
Et je savais que je pouvais changer.
Clairement, je savais très bien comment me contenir et ne pas hurler puisque je l'avais fait pendant neuf mois à la maison, et que je le faisais tous les jours en public. Sachant cela, et ayant compris que mes enfants constituaient mon auditoire le plus important, j'ai commencé à vivre une vie sans cris, pas simplement à l'extérieur de la maison, mais à l'intérieur aussi. Le fait d'avoir été surprise en train de hurler sur mes enfants par quelqu'un que je respecte aurait pu être l'un des pires moments de ma vie. Au lieu de cela, il a fini par être l'un des meilleurs.

Il y a de nombreux hurlements que je voudrais rayer de ma vie mais pas celui de ce matin-là. Je ne l'effacerais pas. Non. C'est le cri dont je resterai éternellement reconnaissante, car il m'a poussé à commencer mon voyage vers la paix et a vraiment amélioré la vie de ma famille entière.

Jour 1 : prises de conscience, actions et conseils

Les prises de conscience du Rhino Orange

- Je ne crie pas sur mes enfants devant les autres parce que j'ai peur de ce qu'ils pourraient penser.
- Cependant, mes enfants sont mon public le plus important. Je dois m'inquièter davantage de ce qu'ils pensent de moi que n'importe qui d'autre. Je veux qu'ils me voient comme une personne aimante et chaleureuse, et non une personne effrayante.
- Si je sais me contenir et rester calme en public, je peux faire la même chose à la maison.

Les actions du jour

- **Admettez qu'il est nécessaire de changer.**
- **Écrivez noir sur blanc un des épisodes les plus « désastreux » de votre vie** lorsque vous étiez en colère. Soyez précis. Qu'avez-vous ressenti à ce moment-là ? Pendant les jours et les mois qui ont suivi ? À quoi ressemblait le visage de vos enfants ? Qu'ont-ils dit ? Comment vous sentez-vous ici et maintenant alors que vous écrivez ?

- **Accueillez ce moment de « désastre ».** Dites-vous qu'il n'est plus le pire épisode de votre vie mais le meilleur, parce qu'en vous souvenant de lui maintenant, vous admettez que vous avez besoin de changer et vous vous motivez. Prononcez à haute voix « J'ai besoin de changer. Ces cris doivent s'arrêter. » Je sais que l'idée de passer du « pire » au « meilleur » n'est pas très facile. Cela dit, quand je sens que la moutarde me monte au nez, je me souviens de l'histoire de l'ouvrier, de mon embarras, de ma tristesse. Et cela m'aide à redoubler de motivation en me rappelant pourquoi tout a commencé et pourquoi mes efforts doivent se poursuivre. Alors allez-y, rappelez-vous tous les horribles sentiments qui ont surgi à ce moment-là (ou une combinaison de plusieurs) afin que cet événement ne vous fasse plus sombrer mais qu'il vous aide à avancer !

> “ **C'est au cours de nos moments les plus sombres** que nous devons nous concentrer pour voir la lumière. ”
>
> — Aristote Onassis

Les conseils du jour :

C'EST COOL	**Le Truc Rhino Orange :** Mettez des photos de vos enfants quand ils étaient bébés là où la colère est susceptible d'apparaître, pour vous rappeler combien ils sont fragiles et vous aider à leur parler avec douceur.
C'EST CHAUD	Imaginez qu'il y a une caméra caché dans la maison et laissez la peur du jugement des autres faire des miracles !
C'EST BOUILLANT	Chantez vos émotions. Ma préférée ? « J'ai envie de hurler, yeah, yeah, yeah ! » Une chanson impromptue peut faire réagir les enfants et permet de se détendre.

La photo de mon fils, alors nouveau-né, m'est si précieuse qu'elle m'oblige à m'arrêter, ralentir et sourire quand je suis en colère – mon cœur se réchauffe et l'envie de crier s'éloigne.

Jour 2

Demander de l'aide : le soutien, ça fait du bien

Je l'admets. Je suis celle qui, à la maison, a enseigné aux enfants l'art de jurer. Bien sûr, c'était totalement involontaire. Je ne me suis pas réveillée un matin en disant « *OK, aujourd'hui, après lui avoir appris à dire merci, je vais lui apprendre à dire m**de.* » Avant d'avoir les enfants, j'avais déjà tendance à jurer comme un charretier et considérais la vulgarité comme une façon de communiquer un grand mécontentement ou une frustration. Parce que je ne voulais pas élever mes enfants avec un tel langage, dès que j'ai eu mon premier fils, j'ai pris sur moi pour réduire le nombre de mes jurons. Mais en dépit de mes efforts, parfois un gros mot s'échappait de ma bouche – et pas un chuchotement, ni un marmonnement, comme j'en avais l'intention.

Et c'est ainsi que j'ai involontairement appris à mes garçons un joli mot de cinq lettres qui n'avait pas vraiment besoin d'entrer dans leur vocabulaire. Non, je ne suis pas fière. Mais il existe un autre mot de cinq lettre que j'ai enseigné, cette fois *intentionnellement*, à chacun de mes garçons dès qu'ils ont été en âge de parler : aider.

Aider : je leur dis qu'ils ne peuvent pas vivre sans ce mot-là.
Aider : je les encourage à l'utiliser chaque fois qu'ils éprouvent des difficultés.
Aider : je le leur enseigne, en leur demandant d'aider les autres par exemple.
Aider : mais ce mot-là, apparemment, je ne le comprends pas, je ne l'adopte pas et je ne l'utilise pas pour moi.

C'est vrai. Tous les jours, quand l'un de mes fils est contrarié par un projet, en colère contre un puzzle, énervé contre lui-même parce qu'il n'y arrive pas, ou bouleversé s'il ne connaît pas les réponses aux devoirs, je le regarde droit dans les yeux : « Eh, c'est normal de demander de l'aide. N'aie jamais peur ou honte de demander un coup de main, d'accord ? »
Et je le pense. Je le pense vraiment. Pourtant, je suis la dernière personne à demander de l'aide pour moi. Je me demande même si je ne suis pas allergique à toute forme de soutien ! Sincèrement. Peu de temps après la naissance de mon dernier, j'étais assise à la réunion de rentrée de l'école et une dame a demandé ce qu'elle pouvait faire pour m'aider, voyant que j'avais maintenant quatre jeunes garçons, dont Mac, âgé d'un mois seulement ! Avant que je ne puisse ouvrir la bouche, deux de mes amies ont répondu à ma place et à l'unisson « Ne lui proposez même pas votre aide. Elle la refusera. »

Elles avaient raison. Je n'aurais pas accepté d'être aidée parce que je n'aime pas ça. Je n'aime pas demander de l'aide et je n'aime pas en recevoir. Je ne sais pas exactement pourquoi ; c'est idiot, vraiment. Aider les autres ne me pose aucun problème et je n'hésite jamais à le faire ; j'adore aider les autres ; je n'aime pas être aidée. Pour une raison obscure, je me sens embarrassée, nerveuse et faible. Je m'inquiète d'être considérée comme une

Je ne pouvais pas tout faire, mais ce que je pouvais faire était ravaler ma fierté et comprendre que demander de l'aide n'était pas un signe de faiblesse, mais un signe de force.

maman « pas assez bien » si je ne peux pas me débrouiller toute seule quand tant d'autres semblent y parvenir si facilement.

J'ai peur que les gens pensent « *Pourquoi a-t-elle fait tant d'enfants si elle n'arrive pas à gérer ?* » ou « *Pourquoi accepte-t-elle de l'aide alors qu'elle sera incapable de rendre la pareille ? C'est tellement égoïste de sa part.* » Plus important encore, je crains de me décevoir si je demande de l'aide. Pour une raison ridicule, je pense que je dois prouver à moi-même et au monde que je peux élever quatre garçons toute seule. Eh bien, devinez quoi ? Je ne peux pas. Je ne peux pas tout faire.

Demander de l'aide était ce dont j'avais besoin pour rendre la vie de mes enfants plus calme, plus riche, meilleure. Quand j'ai eu Andrew, mon troisième fils, j'ai vite compris qu'avec mon mari disparu du lundi au vendredi et ma famille éloignée par quatre heures de route, j'avais non seulement besoin d'aide, mais j'avais aussi besoin d'accepter de l'aide ! J'ai fait de mon mieux ; je prenais une baby-sitter de temps en temps, et je disais « oui » aux amis qui me proposaient de déposer ou de récupérer un enfant quand je ne pouvais pas être à deux endroits en même temps ou quand une grosse fièvre m'immobilisait. Mais il était encore très difficile d'accepter de l'aide, même si je ne pouvais plus rien avaler et avais désespérément besoin d'un coup de main ; une vraie tête de mule !
De toute évidence, lorsque mon dernier fils est né, je n'avais pas fait beaucoup de progrès pour demander et accepter de l'aide ; en fait, j'avais régressé. J'avais toujours obstinément essayé de tout faire par moi-même ; je n'avais recours aux services d'une baby-sitter qu'avec parcimonie, et je disais « oui » en cas d'urgence seulement. Mes amis diraient qu'ils avaient de la peine à me regarder me débattre quand un simple « Peux-tu m'aider s'il te plait ? » aurait été si facilement accepté.

Je savais que je pensais de travers. Comment pouvais-je apprendre à mes enfants qu'il est normal de demander de l'aide, sans jamais en faire la démonstration pour eux ? Bien sûr, je leur apprenais à être autonomes et à se débrouiller tout seuls, des compétences essentielles et importantes, mais je voulais aussi leur montrer que savoir demander du soutien était tout aussi important. Pourquoi ? Parce qu'il y a certaines choses que vous ne pouvez simplement pas faire vous-même – ou peut-être le pourriez-vous, mais ce serait beaucoup plus difficile. Et pourquoi compliquer ce qui est déjà difficile ?
Comme, par exemple, apprendre à crier moins.
Non seulement je savais que j'allais avoir besoin d'aide et d'un support d'apprentissage pour baisser d'un ton, mais je n'en ressentais ni crainte, ni embarras. Je suppose que l'importance du Défi Rhino Orange, le fait qu'il soit tellement inaccessible et si difficile, m'a fait comprendre intuitivement que je n'y arriverais pas seule.

À la minute où j'ai décidé de m'embarquer dans ce défi, j'ai envoyé un e-mail à mon mari, ma mère et deux amies proches et écrit quelque chose comme « Bon, je vais essayer de tenir un an sans hurler. Mais je vais avoir besoin de ton aide à chaque étape pour rester sur la bonne voie. Peux-tu m'aider, s'il te plaît ? Vas-tu m'envoyer des textos pour me dire de ne pas crier ? Vas-tu m'appeler et me demander si ça va ? Vas-tu me rappeller ma promesse ? Vas-tu m'autoriser à crier contre toi plutôt que sur les garçons ? Je plaisante ! Mais juste un peu... »

Devinez quoi ? Ils ont tous dit « Oui, bien sûr, nous allons t'aider » sans hésitation et sans jugement. C'est vrai, j'ai eu droit à quelques « Tu es folle... » rapidement suivis de « ... mais c'est génial, bravo ! » Ensuite, j'ai informé mes amis Facebook et, finalement, à peu près tous ceux que je connaissais de près ou de loin, vraiment ! Oui, j'ai fait de gros efforts pour obtenir de l'aide, pour pouvoir compter sur tout un tas de gens. Qui l'aurait cru ?! Où était passée la tête de mule « Je n'ai besoin de personne » ? **Je venais de commencer le Défi Rhino Orange et il était déjà en train de me changer !**

Demander de l'aide a été l'une des plus grandes étapes de mon voyage et j'ai découvert depuis que dans les moments difficiles, proches ou simples connaissances, tous me disent de continuer, de ne pas abandonner et de multiplier les efforts. Le soutien est primordial dans ce défi. Sur Internet, j'ai écrit tant de fois « Au secours ! Je vais perdre mon put*** de calme si je les vois se battre une fois de plus » ou « Il est 6h50 et j'ai déjà eu envie de hurler à cinq reprises. Argh ! » mais j'ai pu lire tant de fois aussi les messages de mon réseau de soutien « Accroche-toi », « Ne lâche rien » et « Tu peux le faire ». Pouvoir compter sur la force et l'appui des autres m'a non seulement aidée à diminuer mes hurlements mais m'a aussi soulagée du stress.

Je pense qu'on peut parvenir à relever le défi par soi-même. Mais je pense aussi – non, je le sais pertinemment – que je n'y serais pas parvenue aussi rapidement et aussi facilement sans toutes ces personnes qui ont cru en moi et qui m'ont encouragée.

Jour 2 : prises de conscience, actions et conseils

Les prises de conscience du Rhino Orange

- Demander de l'aide n'est pas une mauvaise chose ; c'est une bonne chose. Demander de l'aide ne me rend pas faible ; ça me renforce.
- Raconter mon histoire à d'autres m'a donné du courage en me permettant de comprendre que je n'étais pas la seule à connaître des difficultés.

Les actions du jour

- **Créez un réseau de soutien personnalisé.** Demandez à au moins une personne de remplir chacun des rôles suivants. Remarque : ces gens n'ont pas à être des pacifistes convaincus ! Ils ont juste besoin de croire en vous et d'être favorable à votre engagement. Comme Oprah Winfrey l'a dit « Entourez-vous uniquement de personnes qui vous permettent de grandir. » Ne croyez jamais quelqu'un qui vous dit que vous ne pouvez pas éviter de crier parce que vous le pouvez et vous le ferez !

  1. Le « supporter » : c'est une personne que vous pouvez appeler quand vous avez envie de baisser les bras, quelqu'un qui vous dira de ne pas le faire, que vous pouvez y arriver et vous rappellera pourquoi vous avez commencé le Défi Rhino Orange à l'origine. Des supporters potentiels : votre conjoint, votre meilleur ami, un parent, bref quelqu'un en qui vous avez confiance.

  2. Le « toujours joignable » (textos, tweets, etc.) : c'est une personne collée à son téléphone qui peut être jointe dès que vous avez envie de hurler. Choisissez quelqu'un qui a à peu près les mêmes horaires et les mêmes habitudes éducatives que vous, quelqu'un de disponible et de disposé à vous encourager.

  3. Les enfants : ici, vous n'avez pas besoin d'explications – vous connaissez très bien ces personnes ! Car oui, les enfants doivent être au courant de votre plan, je l'évoquerai au chapitre 3.

- **Racontez à votre réseau de soutien l'histoire de votre « désastre »**, cet événement qui est passé du « pire » au « meilleur ». Plus vous raconterez cette histoire et ce qui vous a décidé à changer, plus vous gagnerez en motivation pour poursuivre vos efforts, et plus vous obtiendrez de soutien ! Difficile ? Oui. Mais rentable.

Si vous êtes comme moi, vous pouvez penser « *Bon, obtenir du soutien implique d'avouer que j'en ai besoin, ce qui suppose d'étaler mes difficultés sur la place publique, ce que je n'ai pas envie de faire.* » Je comprends. Ce n'est pas facile de demander de l'aide, mais vous aurez besoin d'appui et en parler est nécessaire. Prévenir mon entourage m'a rendue plus responsable, notamment parce qu'à chaque fois que je voyais ou parlais à l'un ou à l'autre, il ou elle me demandait où j'en étais et me permettait de rester concentrée sur mon objectif.

> “**Vous pouvez le faire,** mais c'est plus facile si vous n'êtes pas tenu de le faire seul.”
>
> —Betty Ford

Les conseils du jour :

C'EST COOL	Configurez votre téléphone pour vous rappeler de ne pas crier toutes les trente minutes. C'est pénible mais c'est utile !
C'EST CHAUD	Faites des pompes quand vous avez un coup de pompe ! L'exercice libère des endorphines (ou quelque chose comme ça) et vous apaise. Cerise sur le gâteau : vous aurez des bras magnifiques !
C'EST BOUILLANT	Répétez « Je t'aime » encore et encore. Il est difficile de hurler quand on réalise combien on aime quelqu'un.

Faites des pompes quand vous avez un coup de pompe !

Jour 3

Associer les enfants : le jeu du Rhino Orange

On me demande souvent « Alors, il vous a fallu combien d'essais avant de tenir 365 jours sans crier? Combien de fois avez-vous dû réellement redémarrer? » Je « crois » que la réponse est dix, mais cela dépend de la façon de compter. Grâce à l'enthousiasme des premiers jours de succès, au soutien des autres et à ma volonté de prouver aux gens que je pouvais le faire, j'ai tenu huit jours consécutifs lors de mon premier essai officiel au Défi Rhino Orange. Et puis, il m'a fallu m'y reprendre à plus de huit reprises avant de tenir une journée entière à nouveau. C'était comme dans le film *Un jour sans fin*... complètement et totalement frustrant.

Je me réveillais et me disais que j'allais y arriver. Et puis, je me sentais mal d'avoir crié la veille, donc je faisais beaucoup efforts mais m'énervais pour une broutille et, bam – hurlement. Je m'endormais déçue puis me réveillais en me disant que cette fois, j'allais y arriver. Et puis, je me sentais mal d'avoir crié la veille, donc je faisais beaucoup efforts mais m'énervais pour une broutille et, bam – hurlement. Et puis... Pendant huit jours d'affilée! C'était lamentable. Absolument lamentable. Au Jour 1, Essai 6, j'ai écrit sur mon blog :

> *« Alors, James, comment je m'en sors ? »*
> *« Mal. Très mal. Tu m'as crié dessus l'autre jour. Et il y a cinq minutes. »*
> *Oui, c'est très bien résumé. Je ne sais pas ce qui se passe. La semaine dernière, j'ai tenu huit jours entiers. Et je me sentais tellement bien. Tellement, tellement bien. À vous tous qui ne criez jamais, je sais que vous souriez intérieurement en vous disant que huit jours, ce n'est rien. C'est facile. Mais pour moi, c'était difficile. Dans un premier temps. Le premier jour a été ÉPROUVANT. Je me souviens avoir dit à mon mari, avant de dormir : « Wow, je me sens bien de ne pas avoir crié mais je suis sacrément fatiguée. » Il aura fallu que tous les muscles de mon corps travaillent pour parvenir à me contenir. À conserver cette douce et belle voix de maîtresse d'école qui obtient respect et obéissance. Mais je l'ai fait. TOUTE LA SEMAINE, je l'ai fait. Chaque jour je m'abstenais de crier, je me sentais plus forte et cela devenait plus facile. C'était tellement incroyable. J'avais une énergie que je n'avais pas ressentie depuis des années. J'étais subitement si confiante, entre l'adrénaline et l'excitation.*
> *Et voilà, comme mon fils de cinq ans me le faisait remarquer tout à l'heure, je suis incapable de ne pas crier en ce moment.*

Cette semaine pendant laquelle j'étais incapable de me remettre sur les rails, date de plus de 3 ans mais je m'en souviens comme si c'était hier. Comme je me sentais démoralisée, désespérée ! Je ne tenais pas la route ! Je me sentais si découragée de ne pas tenir une journée, ou même une demi-journée, que j'essayais de moins en moins. J'étais si embarrassée que je pensais à arrêter pour sauver la face.

Puis, miraculeusement, alors que j'étais prête à abandonner, une nouvelle idée, sortie de nulle part, m'est venue et a été l'une de mes meilleures idées, tout autant que ma bouée de sauvetage sur toute la durée de mon défi. Ce miracle s'est produit au Jour 1, Essai 6. Juste après que mon fils m'ait avoué combien je criais, j'ai regardé mes enfants et leur ai dit « **J'ai besoin d'aide. J'ai besoin que vous me disiez « Rhino Orange » chaque fois que vous me voyez devenir grognon, énervée, ou vraiment au bord du hurlement.** Nous allons essayer. Je vais crier mais c'est pour faire semblant, d'accord ? Ça ne compte pas ! »

« OH MON DIEU ! Tu as encore renversé du lait, je n'y crois pas ! »

« Rhino Orange ! Rhino Orange ! Rhino Orange ! » James et Edward criaient, tout sourire, surexcités, et j'ai dû pratiquement crier pour les faire cesser. Ils adorent les jeux ! En fait, l'une de leurs activités préférées, à ma grande consternation, est de s'appeler par des surnoms en hurlant, leurs mots favoris étant gros débile, fesse qui pue, face de rat ou de pet, crotte de nez. Tendre et glamour, hein ? Plus sérieusement, je ne comprenais pas pourquoi je n'avais pas pensé à profiter de leur jeu favori avant !

> Je criais même davantage, plus qu'avant de commencer le défi Rhino Orange... et c'était volontaire. Je m'étais mis tellement de pression pour réussir que je m'effondrais à chaque difficulté.

Le jeu du Rhino Orange est très rapidement devenu le nouveau jeu préféré de la maison, pas seulement parce qu'on y jouait beaucoup (hum, hum, au moins toutes les heures pendant les deux premières semaines), mais aussi parce que nous l'avons tous adoré, pour des raisons différentes. Mes enfants l'ont adoré parce qu'il leur permettait de m'appeler par un « surnom » rigolo et, bien sûr, parce qu'il m'empêchait de crier. Je l'ai aimé parce que les garçons étaient très bons à ce jeu et qu'il m'aidait vraiment à me contenir dans les moments difficiles.

Vous savez, je pensais que, en tant que « professionnelle » du hurlement, j'étais une experte pour prédire l'arrivée imminente d'un cri et donc pour savoir m'éloigner au bon moment. Hélas, clairement, je ne l'étais pas. Mes enfants, eux, l'étaient et continuent d'être de grands spécialistes, capables d'anticiper mes cris. Tout comme ils ont un sixième sens pour savoir quand j'ai besoin d'un câlin ou d'un bisou, ils savent quand je vais craquer. Je suis sûre que mes yeux commencent à s'élargir, que mes sourcils commencent à s'élever, que mes pieds commencent à piétiner. Je suis certaine qu'il y a beaucoup d'autres signes que mes enfants connaissent par cœur puisque, eux, sont en mesure de les voir et d'en être les témoins. Raison pour laquelle ils étaient les personnes idéales pour m'aider à arrêter de crier.

Si vous m'aviez dit, au début du défi, que mes enfants allaient être mon plus grand soutien dans mon voyage pour arrêter de crier, je ne vous aurais pas cru. Mes enfants, une aide pour arrêter de crier ? Vous voulez dire, ces personnes qui me forcent à crier ? Bien sûr, ils sont ma source de motivation pour arrêter de crier, les regarder eux et leurs beaux visages devraient suffire. Malheureusement, parfois, cela ne suffisait pas. Mais quand mes garçons disent « Rhino Orange, Maman ! », ça m'arrête tout net ! À chaque fois. C'est une double attaque – leur doux visage me rappelle ma promesse et leur voix, encore plus douce, insistante mais encourageante, et parfois désespérée, me rappelle de me calmer et de parler avec amour, pas sous l'effet de la colère.

J'ai toujours cru que je serais celle qui aiderait mes enfants dans la vie, celle qui leur permettrait de rester sur la bonne voie pour atteindre leurs objectifs. Je n'ai jamais pensé une seconde que mes enfants m'aideraient moi à atteindre un but, surtout pas à un si jeune âge. Et me voilà aujourd'hui, convaincue que je dois la majeure partie de mon succès à mes fils et à leur enthousiasme pour le jeu du Rhino Orange. Convaincue que la bonne réponse aux questions des gens « En avez-vous parlé à vos enfants ? Pensez-vous qu'ils doivent savoir ? » est un OUI, franc et massif.

On m'a demandé, par le passé, si mes enfants abusaient du jeu du Rhino Orange et profitaient de la situation, s'ils se disaient par exemple « Allez, on a fait une bêtise mais on va dire « Rhino Orange » comme ça, Maman ne pourra pas crier et on ne se fera pas disputer. » Ma réponse ? Oui, il est évident que mes enfants ont essayé de me jouer des tours ! Et, oui, je n'ai pas crié. Mais cela ne signifie pas que j'ai laissé faire. Non, même sans crier, j'ai toujours clairement dit que leur comportement était inacceptable et que j'étais toujours en colère après leur bêtise. Je leur ai aussi rappelé que le but du jeu du Rhino Orange était de m'aider à ne pas crier, ce qui était un avantage pour eux ; pour que ça marche, ils devaient donc l'utiliser à bon escient.

Jour 3 : prises de conscience, actions et conseils

Les prises de conscience du Rhino Orange

- Mes enfants sont tout le temps auprès de moi ; ils forment un groupe de soutien impressionnant et toujours disponible ! De plus, ils bénéficient d'un parfait point de vue pour remarquer les signes annonciateurs d'un cri potentiel.
- Demander l'aide de mes enfants ne diminue en rien mon rôle de parent. Cela leur apprend à savoir demander, et favorise leur sens des responsabilités et leur confiance, deux sentiments dont les enfants ont besoin.

Les actions du jour

- **Apprenez le jeu du Rhino Orange à vos enfants.** Demandez-leur s'ils savent reconnaitre les signes visuels qui précèdent vos hurlements. Demandez-leur à quoi ils ressemblent. Exercez-vous en criant et en leur proposant de faire le jeu du Rhino Orange dès qu'ils aperçoivent ces signes.
- **Fabriquez un symbole Rhino Orange.** Découpez le grand rhinocéros orange du rabat de la couverture. Écrivez votre propre mantra dessus. Fixez-le avec du ruban adhésif à un bâton quelconque (un bâton d'Esquimeau, une baguette, une brochette). Trouvez-lui une place dans la maison afin que tout le monde puisse le voir et demandez à vos enfants de s'en emparer dans les moments critiques.

> « **Les parents ont pour mission** d'éduquer leurs enfants, mais ils doivent également comprendre ce que leurs enfants ont à leur apprendre ; et ils ont beaucoup à leur apprendre. »
>
> —Arnold Bennett

Les conseils du jour :

C'EST COOL	Dites des choses positives sur vos enfants à voix haute ; cela vous oblige à mettre l'accent sur les bons comportements, ce qui motive les enfants à agir correctement.
C'EST CHAUD	Appelez votre maître intérieur. Dites « 1, 2, 3, réponds-moi » ou sonnez à sa porte.
C'EST BOUILLANT	Applaudissez ; si vous êtes en colère et que vous le savez, tapez dans vos mains. Soulagement garanti.

Edward aimait tellement utiliser ce symbole qu'il a insisté pour en faire plusieurs : un pour la cuisine, un pour la salle de bains, un pour notre chambre, et ainsi de suite !

Jour 4

Crier loin des enfants : j'adore hurler dans les toilettes !

J'ai commencé le Défi Rhino Orange sans avoir la moindre idée de la façon dont je pouvais ne plus crier. Je veux dire, je savais que j'allais avoir besoin de patience pour rester calme, de sommeil pour obtenir ladite patience et de crème glacée à la fin de la journée pour me détendre de tout le stress engendré par l'apprentissage de cette patience. Mais, à part ça, je ne savais pas comment j'allais pouvoir physiquement arrêter un cri. Crier était pratiquement une seconde nature lorsque j'étais contrariée. Ironie du sort, il s'est avéré que mon corps, qui était naturellement enclin à hurler, était aussi naturellement enclin à franchir la première petite étape qui me permettrait d'arrêter de crier.

Ce matin-là, tout était normal au pays du Rhino Orange. Vous savez, tous mes enfants avaient dormi, puis ils avaient fait leur lit, s'étaient habillés et brossé les dents sans que j'aie à le demander. Ensuite, ils étaient tranquillement descendus dans ma chambre pour me réveiller et m'apporter le petit-déjeuner que des elfes avaient préparé pendant la nuit. Après cela, ils avaient joué paisiblement ensemble sans incident. Ah, oui. C'était absolument merveilleux.

Bien sûr, je me suis réveillée et me suis rendu compte que je rêvais et qu'en effet, tout était normal au pays du Rhino Orange, une terre que j'avais nettoyée de fond en comble la veille, jusque tard dans la nuit. Bon. Ce n'était pas tout à fait ça. Jusque tard dans la nuit, j'avais lu les derniers potins de célébrités sur People.com, ce qui signifiait que ce matin-là, j'étais épuisée et ne voulais pas sortir de mon lit. Du tout. Le réveil avait sonné à 6h30 pour être sûre que je me lève, prenne une douche et me prépare psychologiquement à affronter la journée. Mais au lieu de me lever, j'avais brusquement éteint l'alarme et m'étais rendormie. Mauvaise idée. Très mauvaise idée; et une très mauvaise façon de démarrer l'un de mes premiers jours sans cris.

Si je ne suis pas suffisamment réveillée, prête et vaillante, avant que mes garçons déboulent en disant bruyamment « BOOONJOUR » suivi par une chorale de « C'est mon jouet » et « Il a cassé mes Legos » et « C'est le week-end ? Je veux pas aller à l'école », ma patience non plus n'est pas suffisamment réveillée. Pas plus que ma tolérance pour le bruit, mon souhait de répondre à un millier de questions, ou ma capacité à gérer le chaos dès le matin sans avoir recours aux cris !

Alors, ce matin-là, quand mes trois grands gaillards de garçons (vous savez les « On a assez dormi et on est super au taquet ») ont couru dans ma chambre pour réveiller leur maman (la maman genre « Je n'ai pas assez dormi et je suis encore très, très fatiguée »), quand ils ont lancé l'assaut de plaintes, questions, préoccupations et autres « Youpiii », j'ai répondu « **Maman n'est absolument pas prête à être une maman ce matin. Je vais donc me rendormir.** »

Comme si j'allais pouvoir me rendormir ! Ils se sont tous jetés sur le lit, en poussant ma patience, ma tolérance, et mes capacités d'adaptation jusqu'à leurs limites. À ce moment-là, j'ai entendu Mac pleurer dans le baby-phone, me suis forcée à me lever et suis sortie en titubant dans le couloir pour aller le chercher. La vue un peu trouble, je l'ai habillé, tandis que ses frères faisaient des allers et retours dans le couloir pour me prouver à quel point ils étaient en forme, et à quel point j'avais encore besoin de dormir et de rêver à une matinée tranquille. Je suis retournée dans ma chambre pour m'habiller.

Alors que Mac jouait à mes pieds et que je choisissais des vêtements pour la journée, je me suis rappelé du Défi Rhino Orange. Je me suis souvenu que je devais me contrôler et me réveiller, rapidement, ou je pouvais dire au revoir au Jour 3 avant que la grande aiguille atteigne 7 heures. Puis j'ai réalisé que rapidement, ce n'était pas assez rapide.

Six pieds retentissaient dans le couloir et piétinaient maintenant dans ma chambre. Six yeux implorants me regardaient. Trois mains se sont envolées dans les airs en pointant des doigts et trois bouches ont crié à pleins poumons « Maaaaaman », « M'aaaaan » et « Mmmmmm » !

« Il m'a tapé. »

« C'est lui qui a commencé. »

« Aaaah. »

Les cris et les chamailleries étaient tout simplement trop lourds à porter pour moi qui étais encore à moitié endormie. Je n'avais donc aucune envie de faire face à la situation. J'avais juste envie de hurler « SORTEZ ! TAISEZ-VOUS ! S'IL VOUS PLAÎT ! » Mais avant de pouvoir dire quoi que ce soit, sans même savoir ce que je faisais, je me suis retournée, j'ai mis ma tête dans mes vêtements et j'ai poussé un bon vieux cri, à l'ancienne.

« Arghhh ! », je hurlais.

« *Et m**de* », je pensais immédiatement après. « *Je viens juste de crier. Est-ce que ça compte ? Je n'ai pas crié sur les garçons ; mais j'ai crié. Mais je n'ai pas dit de mots méchants, j'ai seulement évacué la pression. C'est bien ça, non ?* »

J'ai retiré la tête de mon tas de vieux pulls avec lenteur et inquiétude, et je me suis retournée pour regarder les enfants, craignant de voir leur réaction. Je savais que s'ils avaient l'air effrayés, s'ils pleuraient ou ouvraient la bouche pour me dire combien j'étais horrible, j'étais fichue. J'avais fait tellement d'efforts pour ne pas crier pendant deux journées entières. J'étais fière et n'avais pas envie de ressentir à nouveau l'échec ou la déception.

Tout le monde avait arrêté de pleurer. Ils me regardaient. Ils me fixaient.

Edward a parlé en premier, « Maman, c'était stupide. Tu viens juste de mettre la tête dans le placard pour crier sur tes vêtements ! »

Ensuite, j'ai pris la parole. Je leur ai demandé très inquiète « Hum, les garçons, je viens juste de crier, hein ? Ca veut dire que je dois tout recommencer à zéro ? »

James, le plus sérieux et le plus logique de mes fils, a mis le doigt sur son menton, mordillé sa lèvre et roulé des yeux. C'était toujours sa façon de réfléchir. « Bon, Maman... », a-t-il commencé. « Oh, oh. Mauvais signe », ai-je pensé.

« Non, ça va. Tu n'as pas crié SUR nous. Tu as crié contre tes vêtements. C'est bon. »

« Oui, oui », a acquiescé Edward.

« Mais est-ce que vous avez de la peine ? Est-ce que je vous ai fait peur ? », ai-je demandé avec précaution.

Ces deux éléments étaient et continuent d'être les deux raisons importantes pour lesquelles j'ai arrêté de crier. Je ne voulais plus intentionnellement faire peur ou faire de la peine à mes enfants.

« Nan. Tu m'as fait rire », a dit Edward en souriant.

« Vous êtes sûrs ? », ai-je imploré.

Même si je sentais que ce que j'avais fait n'était pas grave, que ce n'était pas méchant, pas dirigé contre eux, que ce cri était juste un moyen un peu plus convenable de libérer la pression et qu'il n'était pas blessant, je voulais vraiment avoir leur avis. Encore une fois, à la fin de la journée, mes garçons sont mes premiers spectateurs. Ils sont mes meilleurs juges et les plus importants.

James a interrompu mes doutes avec des mots rassurants. Il a déclaré fermement : « On est super sûrs, Maman. On est la police du Rhino Orange, tu sais. On regarde si tu es hors-la-loi. Et là, on dit que c'est bon. »

Les objets n'ont pas de sentiments, les enfants, si. Mes vêtements ne pleureront pas si je leur crie dessus, mes enfants, si. Les légumes dans le congélateur n'auront pas peur si je leur crie dessus, mes enfants, si. Les toilettes ne me diront jamais « Vous êtes la pire des personnes ! » si je leur crie dessus, mes enfants, si.

Et là-dessus, la police du Rhino Orange est née et j'ai obtenu un laissez-passer gratuit.

Et là-dessus, aussi vite qu'ils le pouvaient, ils ont couru jusqu'au garage en criant : « Allons chercher des uniformes et des badges ! »

Et là-dessus, j'étais totalement réveillée – non pas réveillée par leurs cris ou leurs disputes, ou par les miens, mais parce que je ne pouvais pas arrêter de sourire. J'ai adoré les voir ainsi entrer dans le jeu du Rhino Orange, s'investir dans le défi avec autant d'enthousiasme.

Et j'ai adoré ce que je venais de découvrir, cette nouvelle façon de gérer un cri quand je ne parvenais pas à le retenir : le libérer dans un objet inanimé, plutôt que sur mes enfants. Quand je sentais la colère monter, je pouvais la transformer et la laisser s'échapper en un « Arghhh » ou un « Ahhhh » dans un placard ou toute autre chose du même genre, comme une poubelle, un congélateur, une commode, un tiroir ou un sac. Ainsi je ne laissais pas s'échapper des mots méchants, juste de la frustration.

Après avoir fait cela pendant quelques jours, et fait rire mes enfants en hurlant contre des vêtements, j'ai réalisé que, en effet, je pouvais me contenir. L'étape suivante consistait à ne pas laisser sortir le « Ahhh ». **Plus je m'exerçais à contrôler le moment où je hurlais, plus j'apprenais à me calmer pour que le cri n'ait plus besoin de sortir du tout.** En effet, comme le footballeur anglais Bobby Robson a dit « La pratique mène à la permanence. » (Un dicton que, d'ailleurs, je préfère à « La pratique mène à la perfection. » Qui a besoin de perfection ?!)

Oui, je sais. Cela semble fou. Et idiot. Et carrément ridicule. Mais cela a fonctionné ce matin-là, puis tant de fois ensuite au début du défi, quand j'étais encore en phase d'apprentissage et que j'essayais de ne pas crier, de reconnaître un cri en préparation, de l'arrêter et de rester calme toute la journée, pour que des moments comme celui de ce matin ne me poussent pas à bout, au point d'avoir besoin de hurler pour me sentir mieux.

D'ailleurs, je préfère crier dans les toilettes tous les jours plutôt que crier sur mes enfants. Dans la mesure où les toilettes ne sentent pas trop mauvais. Le principal étant de ne pas oublier de s'empêcher de hurler devant ses enfant et pour y arriver fuir ce moment si exaspérant et crier loin d'eux. J'étais fière de moi car j'avais gardé mon calme. Bien joué !

Jour 4 : prises de conscience, actions et conseils

Les prises de conscience du Rhino Orange

- **Je ne peux pas toujours contrôler les faits et gestes de mes enfants, mais je peux toujours choisir de contrôler ma réaction.**
- **Je peux toujours décider de m'éloigner, de prendre une grande inspiration, ou de crier dans les toilettes au lieu de leur hurler dessus.**
- Les petits pas sont des pas de géants ; partir et crier ailleurs peut sembler idiot et insignifiant mais ce tout petit pas a provoqué un changement énorme, un virage à 180 degrés, dans mon comportement.

Les actions du jour

- **Apprenez à vous détourner.** Même si le cri surgit, même quand les mots fusent, tournez la tête ou tournez-vous de l'autre côté, c'est une étape. Vous détourner ainsi évite que les mots passent directement de votre bouche aux yeux et au cœur de vos enfants. Si vous le pouvez, quand vous vous détournez, trouvez un objet inanimé et criez dedans. Les avantages ? a) ça peut être drôle et stopper les enfants dans leur élan ; b) ça vous aide à reprendre le contrôle ; et c) ça vous donne quand même l'occasion d'évacuer la pression.
- **Comptez le nombre de fois où vous devez vous détourner.** Pourquoi ? Tout d'abord, c'est une prise de conscience et une source de motivation, il doit y avoir du changement. Deuxièmement, c'est une excellente façon de mesurer les progrès accomplis ! À la fin de ce livre, vous pourrez compter à nouveau et voir combien vous criez moins !

Je me rends compte que crier dans des toilettes ou dans un sac à main peut parfois sembler stupide et embarrassant, comme je reconnais pleinement qu'il y a des meilleures façons de se débarrasser de la frustration. Vous les apprendrez en temps voulu. Mais pour l'heure, concentrons-nous sur le fait que vous avez plus de self-control que vous ne le supposiez. Cette prise de conscience vous donnera la confiance en soi nécessaire pour croire que vous pouvez le faire !

> “ **Un voyage de mille lieues** commence toujours par un premier pas. ”
>
> —Lao Tseu

Les conseils du jour :

C'EST COOL	Tirez doucement sur vos doigts tout au long de la journée pour libérer les tensions ; pour ce que ça vaut, il paraît que le majeur est celui qui relâche le plus de pression. Ah !
C'EST CHAUD	Aspergez votre visage d'eau froide ; cela brise immédiatement la mauvaise humeur.
	Envoyez un texto de totale frustration à un ami pour vous éclaircir suffisamment les idées et envoyer des messages d'amour à vos enfants.
C'EST BOUILLANT	Hurlez dans un placard ; souvenez-vous, les vêtements n'éprouvent aucun sentiment, les enfants, si.

Jour 5

S'entourer de pense-bêtes : l'Orange est le nouveau Gris

Je n'oublierai jamais le jour où, en cinquième, j'ai essayé d'imiter Julia Roberts. Mes parents m'avaient *enfin* laissée regarder *Pretty Woman* et j'étais immédiatement tombée amoureuse de la garde-robe de Julia (Vivian). Enfin, la chic, la sophistiquée – pas celle qu'elle portait, euh, pour marcher dans la rue. La robe rouge pour l'opéra? Parfaite, magnifique! Mais le look que j'ai aimé le plus? Le blazer noir sur la chemise blanche. J'ai tout simplement adoré – au point qu'après avoir vu le film, j'avais emprunté à mon père l'un de ses blazers et l'avais porté à l'école le lundi matin suivant. Bon, il faisait trop froid pour porter un tee-shirt blanc (et je pense que j'étais encore trop timide et craignais que l'on puisse voir mon soutien-gorge en dessous, la honte!), donc, pour remédier à cela, j'avais associé la veste à un col roulé rayé bleu marine et rouge. Oui, en y réfléchissant maintenant, ce n'était pas du meilleur goût. Euh, où était donc la police Rhino Orange de la mode dont j'avais besoin? Ah! Mais je m'en fichais. Je pensais que j'avais un look génial et que j'étais trèèèès en avance sur les tendances de la mode.
Je pensais être la seule à le croire car personne ne m'a dit « Eh, cool, ta veste ! » Une journée passe. La fille la plus populaire de l'école débarque en portant, devinez quoi ?, le blazer noir de son père et un col roulé. Et, devinez quoi ?, tout le monde lui dit qu'elle est géniale et que son look est trop cool. « *Euh... Pardon mais j'avais le même hier ?! Où pensez-vous qu'elle a trouvé l'idée ?!* » Une journée passe, puis deux... Et chaque fille vient à l'école avec un blazer différent. Pour la première fois de ma vie, et la dernière, j'avais lancé la tendance (un genre de tendance), alors que, si vous me connaissiez, c'était non seulement impossible mais surtout carrément hilarant.

Il se trouve que je suis à l'exact opposé de la tendance. Je n'ai aucun sens de la mode, aucun goût, surtout maintenant que je suis à la maison avec mes enfants. J'ai de la chance si mes jeans ne sont pas déchirés et qu'ils ont encore la « bonne » couleur bleue. Je mets la même ceinture depuis huit ans et ne prévois pas de la remplacer. Mes cheveux sont toujours fixés dans une natte, bien que les tresses soient a priori réservées aux petites filles. Je ne porte pas d'accessoires, je ne sais pas où les mettre, et je ne suis pas fan du lèche-vitrines. Chaque fois que j'ai besoin de m'habiller pour une occasion, je dois appeler une amie pour qu'elle me prête un sac à main ou une tenue complète. Mais ça ne me dérange pas. J'aime être qui je suis et être « tendance » n'a aucune importance pour moi.
Enfin, ça n'avait aucune importance pour moi jusqu'au printemps 2012, c'est certain.

J'avais choisi la couleur orange pour mon rhino simplement parce que j'avais aimé son symbolisme – la chaleur, l'énergie, la détermination, l'encouragement, le bonheur et le succès. Je ne l'avais pas choisie en espérant que ce soit une couleur tendance ; c'était la couleur parfaite pour le Défi Rhino Orange. L'orange représentait merveilleusement ce que je voulais et ce dont j'avais besoin. Je voulais être plus chaleureuse et heureuse et positive. J'avais besoin d'énergie, de détermination et d'encouragements pour y arriver. Voilà ! Rhino Orange.

Lorsque je me suis décidée pour l'orange, nous étions fin janvier et les couleurs du printemps n'étaient pas encore sorties. Des semaines passent et devinez quoi ? La couleur populaire, la couleur du moment ? Du orange ! Et combiné avec quoi ? Du rose. Orange et rose, les couleurs de mon blog. C'était surréaliste. Où que j'aille faire des courses, pour la maison (des poignées orange, ça vous dit ?) ou pour des vêtements d'été (chemises orange, shorts, maillots, chapeaux), l'orange me sautait au visage – gentiment quand même. L'orange était devenu le nouveau noir. J'étais totalement tendance, et cela avait beaucoup d'importance pour moi. Pas parce que je devenais super cool, mais parce que ça facilitait mon défi !

Comment ? Eh bien, d'une part, idée folle ou non, j'avais le sentiment que le monde entier s'était uni pour me soutenir dans mon défi, ce qui m'a renforcée, plus encore. Évidemment, le monde de la mode n'avait pas planifié sa saison entière en fonction de moi et de ma promesse. Mais quand même, c'était merveilleux d'entrer dans les magasins avec les enfants et de voir cet orange partout qui me disait « Eh toi, tu peux le faire ! Les enfants font une crise au rayon pantalons ? Pas de problème ! Regarde ce beau foulard orange et rose sur ta gauche, ou ce collier orange à droite. »

Être cernée par des pense-bêtes qui me rappelaient d'être un bon parent m'a permis de garder les pieds sur terre et de me concentrer sur mon objectif.

Être « tendance » et voir des choses orange partout m'a incitée à m'entourer de rappels visuels orange pour rester sur la bonne voie. Il est alors infiniment plus facile de retenir une promesse. Je n'ai donc pas pu résister au foulard ou au collier, aux chemises orange pour les garçons et même pour moi, au stylo orange pour écrire à l'école, ou la spatule orange dont le slogan dit « Ce plat est préparé avec amour. » C'était parfait ! Tout était parfait : je disposais maintenant de divers moyens pour m'entourer de orange, à la maison comme à l'extérieur, pour me souvenir de ma promesse d'être chaleureuse et aimante.

Mon mari aurait pu dire que j'allais un peu loin avec tout ce shopping orange. Je n'aurais pas été d'accord du tout (euh, peut-être un peu). Seulement, c'était fantastique. Le matin, quand je me réveillais encore fatiguée, je mettais une chemise orange ou un collier orange. Si mes vêtements n'étaient pas propres, ou si l'un de mes garçons était, disons, légèrement passionné, je lui mettais du orange. Il y a des jours qui ont commencé si lamentablement que moins de cinq minutes après être descendue pour le petit déjeuner, je faisais remonter tout le monde au premier pour changer de vêtements. Et je ne plaisante pas.

Je ne plaisante pas non plus en vous disant que cela a fonctionné. Cela a vraiment fonctionné. Surtout les vêtements orange – il est difficile de ne pas se rappeler sa promesse lorsqu'on déplace son bras pour ouvrir le réfrigérateur pour la énième fois et qu'un long élément orange (mon bras) vous saute aux yeux. C'était comme si mes vêtements me disaient « *Eh, m'dame, ne criez pas sur vos enfants sous prétexte qu'ils sont « bruyants » juste parce vous êtes énervée d'être en retard et que vous n'arrivez pas à vous concentrer suffisamment pour emballer les goûters.* »

C'est drôle, quand mon mari m'a rencontrée, il disait souvent, « As-tu des vêtements de couleur – tu sais, au-delà du noir et gris ? »

Ma réponse ? « Oui, j'ai beaucoup de bleu marine et de blanc. Et un peu de rose foncé. Mais tu entends quoi par couleur ? »

« Vert. Jaune. Orange. N'importe quoi ! »

Eh bien, douze ans plus tard, il a changé de ton. Il demande maintenant :

« Tu as autre chose que du orange ?

Ma réponse ? « Non, pas vraiment. »

Orange est donc mon nouveau noir et je l'adore. J'aime que la majorité de mes hauts soient teintées de rose et d'orange et pas seulement à cause de l'ironie du sort, ou parce qu'il s'avère que l'orange me va bien, mais parce que porter des vêtements orange m'a vraiment aidé à tenir ma promesse de crier moins. Frank Sinatra avait raison quand il disait « L'orange est la plus heureuse des couleurs. » Je ne la regarde pas en fronçant les sourcils ; je la vois et je souris, je suis heureuse d'être entourée d'anges gardiens orange ! Parce que c'est ce que représente cette couleur pour moi maintenant – elle agit comme un ange gardien indispensable. Un proverbe arabe affirme avec force « Avant de prendre la parole, pose-toi trois questions : mes mots sont-ils vrais, sont-ils aimables, sont-ils nécessaires ? » L'orange rappelle à mon esprit de s'arrêter pour seulement prononcer des choses vraies, aimables et nécessaires avant de hurler n'importe quoi !

Dès que j'ai réalisé combien mes pense-bêtes étaient puissants, j'ai accentué très légèrement mon shopping. Cette fois, cependant, j'y ai prêté attention. Je suis allée dans un institut de beauté pour acheter du vernis à ongle orange. Quelle meilleure façon de commencer la journée et de partir du bon pied qu'avec du orange sur ledit pied ? Puis je me suis rendue dans une papeterie pour acheter des post-it orange et les mettre dans les zones de turbulences potentielles, comme les sacs à dos des enfants, le miroir de la salle de bain et le tableau de bord de la voiture.

Maintenant, qui sait combien de temps l'orange va rester une couleur à la mode ou combien de temps ces pense-bêtes du quotidien seront facilement disponibles en orange ? Et qui sait ? Peut-être que l'orange n'était pas aussi tendance que je l'ai pensé. Peut-être que c'était juste tendance pour moi parce que j'en avais besoin, parce que je cherchais du soutien coûte que coûte. La bonne nouvelle est que, en comprenant l'impact de ces repères visuels pour arrêter de crier, j'ai naturellement commencé à voir du orange partout et pas seulement dans les magasins branchés.

Il y a des aliments orange (des carottes, des oranges, du fromage) ; des panneaux de signalisation orange (« Ralentir », euh, un parfait rappel pour faire preuve de patience dans la vie) ; des logos orange (qui veut un Fanta ?) ; et des feuilles, des fleurs orange. Ce sont des rappels grandeur nature lorsque les enfants se marchent sur les pieds en allant à l'école. Il y a du orange partout où je le cherche quand j'ai besoin de me rappeler qu'il me faut crier moins et aimer davantage ; pour cette raison, c'est devenu ma nouvelle couleur préférée. Oui, orange est mon nouveau noir !

Ou, devrais-je dire, orange est le nouveau gris ? Oui, c'est plus logique. Les rhinocéros normaux – vous savez, ceux qui chargent quand on les provoque ? Ils sont gris. Je ne suis plus un Rhino Gris qui chargeait avec sa voix ; j'ai tout du calme Rhino Orange. Ouais, l'orange est le nouveau gris à plus d'un titre !

Jour 5 : prises de conscience, actions et conseils

Les prises de conscience du Rhino Orange

- Les objets orange étaient non seulement des pense-bêtes extraordinaires pour me souvenir d'être plus chaleureuse, mais ils me permettaient aussi de focaliser sur quelque chose pour retrouver un semblant de calme quand j'avais envie de crier.
- Ce soutien était partout présent autour de moi ; je devais simplement le chercher pour le trouver quand j'en avais besoin.

Les actions du jour

- **Trouvez au moins un élément orange que vous pouvez utiliser comme un pense-bête pour arrêter de crier.** Quelques idées : un vêtement, un post-it, de la pâte à modeler, du papier, cet ouvrage... Si vous avez du temps et un peu d'argent, envisagez de faire quelques petits achats. Si vous ne prenez qu'une chose, je vous suggère les post-it parce qu'ils sont économiques et peuvent se coller n'importe où !
- **Placez votre (vos) élément(s) orange dans les zones à risques.** Parmi les endroits de prédilection : la salle de bain, le tableau de bord de la voiture, sur l'anse des sacs à dos et la poignée des portes. Si vous utilisez des post-it, écrivez des petites notes : vous pouvez le faire !

Moi, le lendemain de la réunion de rentrée pour les parents d'élève :

“ James, hier je n'arrivais pas à trouver ton classeur d'école. Je pensais que ta couleur préférée était le rouge mais il n'y avait aucun classeur rouge. J'ai enfin trouvé le tien – c'était le dernier sur la table. Depuis quand l'orange est-il ta couleur préférée ? ”

James :

“ Oh, j'adore l'orange maintenant parce que c'est le Rhino Orange qui t'a fait arrêter de crier. ”

Les conseils du jour :

C'EST COOL	Peignez vos ongles - mains et pieds- en orange ; cela vous rappellera de rester chaleureuse et posée.
C'EST CHAUD	Répétez plusieurs fois « Je ne crierai pas, je ne crierai pas, je ne crierai pas » jusqu'à ce que ça passe.
C'EST BOUILLANT	**Le Truc Rhino Orange :** prenez vos enfants dans les bras pour leur faire un câlin. Avant de déterrer la hache de guerre avec mes enfants en cas de désaccord, je commence par un câlin ; tout le monde se calme et se reprend, quoi de mieux pour baisser d'un ton qu'un bisou ?

2

Prendre conscience

« **Affrontez vos faiblesses et reconnaissez-les ;**
mais ne les laissez pas vous dominer.
Laissez-les vous apprendre la patience,
la douceur, la perspicacité. »

—Helen Keller

J'appelle affectueusement ce chapitre « Le chapitre que tout le monde a vraiment, vraiment besoin de lire, mais que personne ne veut lire ! » Ici, nous parlons d'un point essentiel pour apprendre à moins crier : l'identification des éléments déclencheurs. Aïe. Je sais. « L'identification des éléments déclencheurs » sonne comme « c'est du travail » ; c'est parce que c'est du travail. Et ça sonne comme « ça prend du temps » ; c'est parce que ça prend du temps. Mais devinez quoi ? C'est un travail enrichissant et absolument nécessaire. Comprendre ce qui déclenchait ma colère m'a rapidement donné des idées lumineuses et concrètes sur la façon de commencer à gérer mon envie de hurler. En les cherchant, j'ai appris à maîtriser ces situations au lieu de les laisser me dominer. Est-ce que j'ai été mal à l'aise ? Absolument. Reconnaître que je souffrais d'une importante et très laide carence d'un point de vue éducatif, n'était pas exactement mon passe-temps favori, et cette prise de conscience m'a complètement retournée. Mais cet exercice m'a retournée aussi dans le sens où il a rendu ma vie plus douce, plus calme, plus heureuse et plus facile aussi !

Jour 6

Comprendre d'où vient la colère : coup de foudre à retardement

Quand j'ai rencontré mon mari lors d'un rendez-vous arrangé il y a treize ans, ça n'a pas été le coup de foudre instantané. J'ai pensé qu'il était snob et je ne voulais rien avoir à faire avec lui. Lui estimait que j'étais digne d'un autre rendez-vous et il a désespérément essayé d'obtenir mon numéro. Moi, en revanche, je trouvais toutes les excuses du monde pour ne pas le lui donner.

« Je n'ai ni stylo, ni papier... », je prétendais fermement.

« Mais j'ai mon téléphone ; je peux l'enregistrer ! », répondait-il, imperturbable.

« Ah oui. Tu sais, je ne me sens pas bien. J'ai mangé une pizza et elle m'est restée sur l'estomac, il faut que je rentre. »

« Une pizza ? Bon, je comprends. Je te raccompagne ? », proposait-il gentiment.

« Non, j'habite juste à côté, ça va aller », je répondais moins gentiment.

Et puis son copain l'a appelé, il a tourné la tête, et je me suis enfuie de ce bar aussi vite que j'ai pu. Plus tard dans le week-end, j'ai réalisé que j'avais été un peu bornée et j'ai décidé de le rappeler. Une semaine après, notre deuxième rendez-vous fut un coup de foudre ! Ce jour-là, j'ai compris que je m'étais totalement trompée à son sujet et qu'il était l'homme que j'allais épouser. Je le sentais. Très vite, je trouvais finalement le courage de commencer à perdre les 18 kg que j'avais emmagasinés au lycée. Je voulais être en bonne santé pour avoir une longue vie auprès de mon futur mari ; je voulais être capable de courir après les enfants que nous aurions ensemble et de jouer avec eux sans me fatiguer ! Motivée par ce désir sincère de changer, j'ai commencé le régime d'une amie dès le lendemain et fait ce qu'elle faisait : j'ai écrit pendant quelques semaines ce que je mangeais.

Oh, comme je détestais devoir me souvenir, tout noter, trouver un stylo et mon carnet mais surtout admettre que j'avais un peu abusé des glaces... encore une fois ! C'était affreux, je me sentais incapable ! Mais ensuite, eh bien, ensuite j'ai trouvé que l'idée portait ses fruits parce que noter ce que je mangeais et constater que j'exagérais (parlons un peu des virées nocturnes dans les placards de la cuisine...) me poussait à arrêter mais surtout, cela me permettait d'identifier les moments délicats. Alors que je détestais traquer mes habitudes alimentaires, j'ai commencé à aimer le faire, parce qu'ainsi j'obtenais un mode d'emploi concret sur la façon de perdre du poids ! Encore un coup de foudre à retardement !

Eh bien, devinez quoi ? J'ai non seulement perdu du poids, mais j'ai aussi gagné en confiance, en fierté et en bonheur.

Et devinez quoi d'autre ? **Quand j'ai arrêté de crier, j'ai aussi perdu du poids. Un poids émotionnel. J'ai perdu de la culpabilité, de la tristesse, de la frustration et de la déception, et j'ai de nouveau gagné en confiance, en fierté et en bonheur.**

J'ai perdu ce poids émotionnel en faisant exactement la même chose que pour mon poids réel – autrement dit, en traquant mes mauvaises habitudes. La seule différence était que, cette fois-ci, je ne notais pas ces choses merveilleuses qui entraient dans ma bouche, mais les choses un peu moins merveilleuses qui en sortaient.

Quand j'ai commencé à repérer mes moments de colère, je ne savais pas si ce plan qui m'avait aidée à perdre du poids pouvait m'aider à arrêter de crier, mais je n'en avais aucun autre. Non, pas un seul. Je n'avais pas lu tous les livres sur le sujet, je m'étais contentée de supposer – en fait, j'avais vraiment, VRAIMENT, espéré – que si je faisais des efforts, si je me mordais beaucoup la langue, si j'envoyais des textos à mes proches en cas d'urgence, alors, eh bien, vous voyez, j'arriverais miraculeusement à arrêter de crier.

Sachant que ce plan n'était certainement pas le plus intelligent, j'y ai ajouté la recherche d'indices. J'espérais que, puisque j'avais perdu 18 kg en traquant mes habitudes alimentaires, traquer mon habitude à hurler m'aiderait à trouver d'autres moyens éducatifs. Il me semblait qu'en écrivant noir sur blanc ces moments de colère, j'aurais suffisamment peur et j'ouvrirais assez les yeux pour me motiver et poursuivre mon défi.

Oui, j'espérais que peut-être, juste peut-être, cela m'aiderait à comprendre d'où ils venaient pour me permettre enfin de baisser d'un ton.

Pendant deux semaines environ, j'ai noté sur des post-it (orange, évidemment) les moments où j'avais voulu crier, pourquoi j'avais voulu crier, sur qui j'avais voulu crier, où je me trouvais quand j'avais voulu crier, et comment je me sentais avant d'avoir envie de crier. Je relevais aussi d'autres bribes d'informations que je pensais pouvoir être utiles. En nettoyant mon bureau l'autre jour, j'ai retrouvé ces notes. En voici quelques-unes – oui, seulement quelques-unes – de mes préférées. Parce que j'ai beaucoup crié, j'ai beaucoup de notes !

> *« Jour 2. 7h54. James s'est réveillé à 6h00 et a réveillé Edward. Ensuite, Andrew a eu peur, a crié et a réveillé Mac. Tellement fatiguée, en état de rien. Envie de hurler au moindre bruit. »*
> *« Jour 4. 19h00. Wow. James a renversé son verre pendant le dîner. Puis a utilisé son assiette comme planche de surf, alors que je changeais Mac. Tu te fous de moi ? Sérénité, vite ! »*
> *« Jour 4. 18h17. Partie aux toilettes. Siège, murs et plancher recouverts de pipi. Arghhh ! »*
> *« Jour 5. 11h48. Vais hurler. Il y a des jouets partout dans la maison. Je déteste le désordre ! »*
> *« Jour ? 8h53. Ai emmené les enfants en voiture à l'école sans crier. Miracle. »*

Dans un premier temps, traquer mes hurlements a été une expérience brutale, pas seulement parce que cela demandait beaucoup de temps et d'énergie, mais aussi à cause des résultats. Voir sur le papier combien de fois j'avais eu envie de crier me donnait à réfléchir. Il s'avérait que j'avais envie de crier beaucoup plus que je ne le pensais, ce qui signifiait une chose : mon problème était plus grand que je ne l'avais d'abord cru. Aïe.

En fait, je ne criais pas seulement quand c'était l'heure d'aller à l'école ou au bain. J'avais aussi envie de hurler chaque fois que je marchais sur un jouet, chaque fois que les enfants courraient autour de moi dans la cuisine, chaque fois qu'ils ne rangeaient pas le salon, chaque fois que je me sentais fatiguée ou affamée, chaque fois qu'ils se sentaient fatigués ou affamés, et donc qu'ils pleurnichaient et pleurnichaient et, je vous ai dit qu'ils pleurnichaient ?!

Oui, il s'avérait qu'il y avait beaucoup plus de « problématiques », ou d'éléments déclencheurs, que je ne le pensais, et oui, ça faisait mal (OK, ça faisait très mal) de m'en rendre compte. MAIS, bientôt, j'ai compris toute la beauté de cette prise de conscience. Comme je l'espérais, le « plan » qui consistait à noter toutes mes envies de crier avait effectivement marché.

En termes simples, ma prise de conscience a engendré un système d'alarme mental génial qui m'empêcherait de le faire. En gardant en tête ces éléments déclencheurs, chaque fois que l'un d'eux surviendrait, le petit Rhino Orange de mon esprit dirait « *Attention. Attention. Les jouets sont éparpillés partout sur le sol. Tu sais que tu peux te mettre à crier. Prépare-toi. Respire profondément.* »

En relisant mes notes après quelques jours, la question de savoir quand et pourquoi je criais est devenue très claire. Comprendre quels moments de la journée et quelles situations me mettaient en colère signifiait que je pouvais anticiper ces événements afin de ne pas hurler.

Ou…

« *Attention. Attention. Tu es fatiguée. Il te faut un peu d'exercice maintenant ou tu crieras bientôt. Laisse tomber et fais dix pompes.* »

Ou…

« *Attention. Attention. Tu es en retard pour l'école. Tu vas te mettre en colère. Dis-toi des choses positives maintenant pour ne pas hurler.* »

Ce dernier avertissement me fait toujours un peu rire, car chaque fois que je me dis ça, je me parle déjà à moi-même ! Mais bon, tout ce qui fonctionne est bon à prendre, non ? Eh bien, mes amis, identifier ses éléments déclencheurs fonctionne. Croyez-moi, cet outil fonctionne vraiment, et j'en suis totalement tombée amoureuse ! Est-ce que je l'aimais quand j'ai commencé à l'utiliser ? Oh que non ! Mais dès que j'ai réalisé combien il était utile, combien il m'aidait à me concentrer et à me sentir moins accablée par l'importance de mon défi, je suis tombée raide dingue de ce truc – le coup de foudre à retardement vaut vraiment la peine qu'on y mette tout son cœur et toute son âme.

Jour 6 : prises de conscience, actions et conseils

Les prises de conscience du Rhino Orange

- Comprendre les raisons qui me poussaient à crier a demandé du temps et des efforts, mais cela m'a rendu la vie plus facile.
- Identifier mes éléments déclencheurs m'a offert une feuille de route pour arrêter de crier.

Les actions du jour

- **Commencez à noter ce qui déclenche votre colère.** L'objectif est de recueillir des informations, pas de régler le problème. Toutes les informations que vous collecterez vous aideront à mieux comprendre quels changements vous pouvez opérer pour crier moins, tant sur votre environnement que sur vous-même. Vous trouverez dans les pages « Ressources » un tableau de bord qui vous permettra de noter ces occasions et/ou situations.
- **Répertoriez le nombre de fois où vous avez crié.** Si vous avez eu envie de crier mais que vous vous êtes abstenue, notez-le aussi et écrivez ce qui vous a permis de ne pas craquer.
    - **Entrez dans les détails :** remplissez autant de cases que vous le pouvez. Plus vous collecterez d'informations, plus vous apprendrez et mieux vous serez en mesure de gérer ces facteurs qui vous mettent en colère. Même les petits détails que vous pensez insignifiants peuvent être pertinents lorsque vous y reviendrez quelques jours plus tard.
    - **Dites la vérité :** ne faites pas l'impasse sur cet exercice dans les moments difficiles parce que ça vous fait mal de voir la vérité écrite noir sur blanc. Je sais que ce n'est pas simple parce que personne n'aime voir ces moments se graver dans le marbre ; mais, croyez-moi, c'est dans ces moments difficiles que vous pouvez en apprendre le plus.
    - **Soyez endurant :** notez tout au long de la journée. Vous serez tentée d'arrêter après quelques épisodes orageux car vous en aurez assez. Continuez. L'objectif est de voir des tendances apparaître et encore une fois, plus vous aurez d'informations, mieux vous comprendrez ! Bonus ? Vous pouvez décrire la frustration au lieu de la crier !

Compter le nombre de vos cris peut être décourageant, c'est évident. Soyez gentil avec vous-même et n'oubliez pas que vous recueillez toutes ces informations difficiles pour avancer et changer.

> « **La seule véritable erreur** est celle dont on ne retire aucun enseignement. »
>
> —John Powell

Les conseils du jour :

C'EST COOL	**Le Truc Rhino Orange :** placez des post-it dans toute la maison, surtout là où vous êtes susceptible de crier ; lorsque vous parvenez à rester calme, écrivez dessus « Je l'ai fait ! » et mettez-le bien en évidence pour vous encourager.
C'EST CHAUD	**Le Truc Rhino Orange :** levez les deux bras en l'air ; ainsi vous attirez l'attention de vos enfants qui comprennent que vous êtes sur le point de craquer ; et vous vous étirez, ce qui est apaisant.
C'EST BOUILLANT	Trouvez un morceau de papier et froissez-le, encore et encore et encore, jusqu'au retour du calme olympien.

Organisez une post-it party !

Jour 7

Être honnête avec soi : « Pourquoi, Maman, dis, pourquoi ? »

À peine deux semaines avant ma rencontre avec mon mari, j'étais assise à table en face de Mike, un garçon que je fréquentais depuis environ quatre mois. Même si c'était un mec super, je le considérais plus comme un bon copain que comme un petit ami officiel. Néanmoins, ce soir-là, parce qu'il m'avait demandé nerveusement de l'accompagner à une fête de famille, je jouais avec mes baguettes en me demandant comment j'allais refuser le statut de petite amie. J'ai alors posé mes baguettes, attrapé un biscuit chinois et lu le message qu'il contenait « Vous êtes entourée par de grands amis. » Et je ne plaisante pas.

Mike m'a questionnée sur la teneur du message. Je n'avais pas le courage de le lire à haute voix, je l'ai donc doucement glissé sur la table, avec une mine de chien battu. Il l'a lu, m'a regardée et a compris ce que je pensais.

« Tu veux juste qu'on soit amis, c'est ça ? »

« Oui, je suis désolée. »

J'ai ensuite trouvé toutes sortes de prétextes – des mensonges, en réalité – parce que c'était plus facile (et plus simple) que de dire la vérité. D'abord, je lui ai dit je ne voulais pas de relation sérieuse, mais euh, bon, deux semaines plus tard, je rencontrais mon mari ! Puis je lui ai dit, et je m'en souviens comme si c'était hier, « Ce n'est pas toi, c'est moi. » Oh, oh, cette phrase était si facile à dire à l'époque ; c'était apaisant, même si c'était un mensonge. Oui, c'était si facile de mentir alors.

Onze années plus tard, je commençais le Défi Rhino Orange. J'avais débuté l'identification des éléments déclencheurs en pensant que a) ça me motiverait, b) ça m'indiquerait sur quoi travailler et c) les raisons de ma colère seraient à mettre sur le compte de mes enfants et jamais, jamais sur le mien. Eh bien, les deux premières hypothèses se sont vérifiées ; la troisième, pas tellement. En fait, pas du tout. **J'ai réalisé très vite que la plupart du temps, j'étais moi, et non les enfants, à l'origine de mon énervement.** À contrecœur, mais avec la plus grande gratitude, je dois remercier Andrew qui m'a aidée à comprendre que « **Ce n'est pas toi, c'est moi** » n'était pas seulement une phrase à prononcer pour rompre avec quelqu'un, mais aussi pour rompre avec les cris.

Un matin, alors que j'étais plutôt ronchonne et impatiente, Andrew a commencé à m'assaillir de mille questions « Pourquoi le ciel est bleu ? » « Pourquoi les ampoules s'allument ? » « Pourquoi les tracteurs n'ont pas plus de roues ? » et « Pourquoi il pleut ? » Comme d'habitude, je n'en savais rien et j'essayais de faire de mon mieux pour donner une bonne réponse. Comme d'habitude, il n'en était pas satisfait et a commencé sa litanie « Mais pourquoi, maman, pourquoi, pourquoi ? » jusqu'à l'obtention d'une réponse qui lui conviendrait. Après une longue série de questions, j'ai comme d'habitude eu envie de crier « *Pourquoi me poses-tu autant de questions ?! Pourquoi ? Pourquoi ? Pourquoi ?!* » Je n'ai pas hurlé mais le fait est que je lui ai parlé assez brusquement. Andrew a répondu gentiment : « Mais pourquoi, méchante maman, pourquoi, pourquoi ? »

Oups, encore une question à laquelle je ne savais pas répondre. Mais cette fois, je ne pouvais pas me contenter d'une fausse réponse. Je ne pouvais pas répondre à moitié; je sentais que ce ne serait pas juste.

J'ai donc réfléchi à la question et sans même m'en apercevoir, j'ai commencé à l'imiter. Je me suis surprise à penser « *Pourquoi, Sheila, pourquoi ? Pourquoi ? POURQUOI ?* »
Je me suis demandé « *Pourquoi as-tu envie de crier ? Est-ce à cause de toutes ces questions ?* »
« *Oui. Je ne supporte pas cette avalanche de questions* » me suis-je répondu à moi-même.
« *Vraiment ? C'est ridicule. Tu veux te fâcher contre ton fils parce qu'il est curieux ?* »
« *Oui !* »

Je ne voulais pas croire que je pouvais les accuser de ma propre colère. Je ne voulais pas croire que souvent mes cris étaient de ma faute, et pas de la faute des enfants, que je ne hurlais pas vraiment à cause d'eux, mais à cause de moi, que j'étais de mauvaise foi.

Mais cette réponse ne convenait pas du tout; c'était affreux d'admettre que j'étais en colère à cause de la merveilleuse curiosité de mon fils, alors j'ai moi-même commencé une avalanche de questions.
« *Pourquoi, Sheila, pourquoi as-tu vraiment envie de crier ?* »
« *Parce que !* » ai-je répondu comme je répondais souvent aux enfants. J'avais toujours espéré que cela mette un terme à leur interminable série de questions. Bien sûr, cela n'avait jamais fonctionné avec les garçons et cela ne fonctionnait pas pour moi. N'ayant pas obtenu satisfaction, j'ai poursuivi.
« *Pourquoi, Sheila, POURQUOI ?* »
« *ARGH. Je ne sais pas... Peut-être parce que je suis épuisée et que je n'arrive pas à me concentrer. Parce que j'ai mille choses à faire en ce moment et que répondre à mille questions a perdu de son charme. Je veux leur donner une réponse juste, mais je veux aussi hurler « ÇA SUFFIT !* »
« *Alors, à nouveau, POURQUOI as-tu envie de crier ? À cause des questions ou parce que tu es de mauvaise humeur et incapable de faire preuve de patience ?* »

Et là, mon esprit s'est mis sur pause. Je sentais que j'approchais de la vérité, la vérité vraie, parce qu'au fond de moi, tout était clair. Je n'avais plus à me demander « *Pourquoi ?* » parce que mon esprit disait « *Hum, hum, j'ai compris. Je n'ai pas envie de crier à cause des questions. J'ai envie de crier parce que mes problèmes me rendent impatiente. Oups, ce n'est pas lui, c'est moi.* »

La vérité blesse et j'ai eu du mal à l'accepter. Onze années s'étaient écoulées depuis ce prétexte fourni à Mike « Ce n'est pas toi, c'est moi » et cette phrase que j'avais prononcée si facilement des années auparavant, m'était presque impossible à dire aujourd'hui.
Pourquoi avais-je du mal à avouer « *Ce n'est pas à cause de vous que je crie; c'est à cause de moi.* » Pourquoi, oh, pourquoi ? Parce que je ne voulais pas croire que je pouvais causer du chagrin à mes enfants.

Ce n'est pas parce que vous mettez du temps à faire vos lacets que j'ai envie de crier… c'est moi. Je suis en colère contre moi-même parce que mon passage sur Facebook nous a mis en retard.
Ce n'est pas parce que vous débarquez joyeusement et bruyamment dans ma chambre pour me réveiller que j'ai envie de crier… c'est moi. Je suis en colère contre votre père à cause de ce qu'il a dit.
Ce n'est pas parce que vous refusez de manger que j'ai envie de crier… c'est moi. Je suis en colère contre la mutuelle qui ne nous a pas encore remboursés.

Et la liste est longue de ces choses que mes enfants « font » soi-disant pour me pousser à crier, sauf qu'ils ne me poussent pas à crier, ils ne me font pas hurler. Je me fais hurler. Ma mauvaise humeur me fait hurler. Mon incapacité à gérer mon stress me fait hurler. Mon refus de prendre mes responsabilités me fait hurler. Certes, le comportement de mes enfants est parfois pénible, frustrant et énervant, il peut m'inciter à crier, mais j'ai réalisé ce matin-là que je devais porter autant d'attention à mon comportement qu'aux leurs. Quand je suis de bonne humeur, je suis beaucoup plus patiente et capable de rester calme.
Jusqu'à ce jour, j'avais consacré toute mon énergie à changer le comportement de mes enfants et à réagir plus calmement quand ils m'exaspéraient. Cette technique fonctionne bien, vraiment bien. Mais elle est épuisante, car généralement, alors qu'ils se comportent très bien et font ce que j'attends d'eux, je me sens quand même contrariée et je m'énerve sans raison apparente. À ne pas vouloir regarder, ni modifier mon propre comportement, je me compliquais la tâche.

Il m'a fallu un moment pour accepter les faits, pour comprendre que, quand je parvenais à mieux gérer mon humeur et quand j'endossais la responsabilité de ma propre colère, alors je ne dépensais pas autant d'énergie pour éviter de crier. Et, incroyable, à partir du moment où j'ai commencé à travailler sur mon propre comportement, le défi est devenu bien plus facile. **À chaque fois que j'avais du mal à maîtriser la situation, je savais qu'il était temps de cesser de regarder vers l'extérieur, le comportement de mes enfants, mais de commencer à chercher à l'intérieur, dans mon propre comportement ; je savais qu'il était temps de me demander « *Pourquoi, Sheila, pourquoi, pourquoi ?* » jusqu'à être convaincue de cette grande vérité « *À cause de moi.* »** Oui, reconnaître la vérité était difficile, mais cette vérité m'a aidée à arrêter de crier inutilement, en me donnant les clés et la confiance nécessaires pour comprendre ma colère, en me disant « *Ne crie pas contre eux. Tu n'es pas en colère à cause d'eux, tu es en colère à cause d'autre chose.* »

Il y a des jours où il est difficile de se demander « *Pourquoi, pourquoi, pourquoi ?* », où il serait bien plus facile et plus rapide de blâmer les enfants ou de recevoir un message via un biscuit chinois pour savoir quoi faire. Mais je n'ai pas de chance, les biscuits chinois n'expliquent pas comment arrêter de crier et je n'ai plus le cœur à blâmer mes enfants. Je ne peux compter que sur moi, sur mon comportement et sur ma conviction que si je creuse en profondeur, si je comprends et si j'accepte mon propre rôle dans le Défi Rhino Orange, alors j'ai plus de chances d'arrêter de crier.

Jour 7 : prises de conscience, actions et conseils

Les prises de conscience du Rhino Orange

- Il était plus facile de considérer que mes cris étaient provoqués par le comportement des enfants que par mon propre comportement et mon impatience.
- **Neuf fois sur dix, les éléments déclencheurs de ma colère étaient liés à des tracas personnels, non à mes fils.**
- Ce que j'ai appris sur moi-même en « creusant la question » m'a non seulement aidée à arrêter de crier mais aussi à restaurer de bonnes relations avec les autres, pas uniquement avec mes enfants.

Les actions du jour

- **Soyez honnête avec vous-même.**
- **Enquêtez sur ce qui déclenche votre colère.** Vérifiez que vous faites preuve d'honnêteté quand vous cherchez à identifier les éléments déclencheurs. Pourquoi « creuser la question » ?
  - Pour reconnaître votre part de responsabilité dans chaque situation.
  - Pour comprendre qu'il est nécessaire de reprendre votre comportement en main.
  - Pour repérer ce qui vous gâche la vie.
- **Utilisez la technique du « Pourquoi, Maman, pourquoi, pourquoi ? » pour creuser en profondeur.**
  - Il vous sera facile d'écrire des réponses flagrantes, comme par exemple les enfants ont laissé traîner leurs feutres, ils ont renversé du lait, ou ils n'arrêtaient pas de pleurnicher. Parfois, ce qui est flagrant déclenche la colère, et parfois non. Si vous êtes mal à l'aise avec ce que vous écrivez, si vous n'êtes pas totalement convaincue, interrogez-vous encore « Pour quelle raison est-ce que je crie ? »
  - Vous connaîtrez la vérité lorsqu'au plus profond de vous, vous penserez « Ah ! Je le savais » et vous ne douterez plus de vos réponses.
- **Aidez-vous de ces questions pour aller plus loin :**
  - Mes enfants agissent-ils « mal » ou suis-je de mauvaise humeur ?
  - Comment je me sens ? Suis-je heureuse ou triste, frustrée, stressée, anxieuse ?
  - Ai-je été en conflit avec quelqu'un dernièrement ?
  - Ai-je « trop de choses » à faire aujourd'hui ?
  - Est-ce que l'une des raisons suivantes (et rassurez-vous, tout le monde est passé par là) me pousse à crier : stress au travail, querelles de couple, poids, fatigue, manque d'exercice, problèmes d'argent ou de santé, sentiment de solitude, manque de confiance en soi en tant que parent (vous n'êtes pas en colère contre vos enfants qui n'écoutent pas mais contre vous qui ne savez pas comment vous faire entendre) ?

Apprendre à mieux vous connaître, vous et les éléments qui déclenchent votre colère, sera l'une des plus grandes récompenses de ce défi. Alors, même si cela vous ennuie et vous fait perdre du temps, continuez ! Vous criez peut-être à cause du comportement de votre enfant. Mais peut-être à cause d'autre chose dans votre vie. Creusez. Il serait facile de mentir, mais il est plus utile d'être honnête.

> **« Quand il y a quelque chose que nous souhaitons changer chez l'enfant,** nous devons d'abord l'examiner et déterminer si ce n'est pas quelque chose à changer en nous. »
>
> —Carl Jung

Les conseils du jour :

C'EST COOL	Demandez un câlin à vos enfants. La tendresse favorise le calme et aide à garder les cris à distance. Plus vous aurez de câlins au fil de la journée, mieux vous vous sentirez !
C'EST CHAUD	Demandez à vos enfants POURQUOI ils pleurent. Il y a de fortes chances pour qu'ils aient une bonne raison, et vous préférez aimer vos enfants plutôt que leur hurler dessus ; en outre, les enfants adorent être écoutés et compris.
C'EST BOUILLANT	**Le truc Rhino Orange :** hurlez du charabia, pour libérer la pression et faire rire plutôt que faire pleurer ; mon mot préféré est « Oogaschmoogabooga ! »

Jour 8

Repérer les symptômes physiques qui accompagnent les cris : l'histoire du gobelet

Puisque je vous ai déjà avoué être celle qui avait appris aux enfants à jurer (involontairement, rappelez-vous…), je me sens un peu plus à l'aise pour vous confier un autre secret gênant. Un jour, alors que j'étais contrariée par les garçons qui n'écoutaient rien et que nous étions en retard pour l'école, j'ai attrapé un gobelet rempli de lait et je l'ai jeté si fort contre le mur qu'il a fait une marque. Bien sûr, au même moment, j'ai hurlé « DANS LA VOITURE TOUT DE SUITE ! » Alors que le gobelet atteignait le mur et ma voix, le niveau 7, celui de « la rage », le lait s'éparpillait dans tous les sens, y compris sur mon visage. J'étais si en colère que je reniflais du lait. Les garçons se sont arrêtés et ils m'ont regardée, la peur au ventre. Pouvais-je leur en vouloir ? Non.

Je n'ai jamais, jamais raconté cette histoire à personne avant vous.

J'éprouvais un tel sentiment de gêne, de honte et de déception. Mais comment avais-je pu jeter un objet en direction de mes enfants, un objet qui aurait pu leur faire mal, même si mon intention n'était pas de les atteindre ? Comment pouvais-je être aussi hypocrite, en exigeant qu'ils ne se lancent pas leurs Legos à la tête dans les moments de colère, alors que je venais de démontrer très clairement comment jeter un ustensile encore plus lourd ? Comment pouvais-je ne pas savoir quand la colère montait, quand je m'apprêtais à craquer ? Comment pouvais-je être une adulte et ne pas parvenir à me contrôler ? Mon emportement ? Ma frustration ? Qu'est-ce qui n'allait pas chez moi ?

Sérieusement, qu'est-ce qui n'allait pas chez moi ? Eh bien, pour commencer, je n'avais pas encore commencé le Défi Rhino Orange, je ne savais absolument pas que le fait d'être épuisée et débordée pouvait me déstabiliser au point de me faire perdre la tête. Et, évidemment, je ne savais pas encore que mon corps envoyait, et venait d'ailleurs de m'envoyer, des messages d'alarme pour m'avertir que j'étais sur le point de craquer.

Non, en ce matin fatidique du gobelet, je ne savais pas que, quand mes mains deviennent moites sans raison, cela signifie que je suis probablement stressée, bien trop stressée, et à deux doigts de la crise.

Je ne savais pas que, quand mon cœur bat la chamade sans avoir joué à Wii Dance avec mes enfants, cela signifie je suis probablement agitée, bien trop agitée et à deux doigts de la crise.

Je ne savais pas que, quand mon visage commence à rougir sans que Jude Law m'ait dit que j'étais belle (ben non, ça n'est jamais arrivé, pfff), cela signifie qu'un cri est sur le point de sortir et que je suis à deux doigts de la crise.

Non, j'ai dû attendre le Défi Rhino Orange pour comprendre que mon corps avait les moyens de m'envoyer quelques puissants messages de S.O.S., des indices pour me signaler que j'avais besoin de me calmer. Un soir, ce devait être au début du défi, je ne me souviens plus exactement de la date, j'essayais, comme d'habitude, de gérer l'heure du bain. Comme d'habitude, ils m'éclaboussaient, se criaient dessus, traînassaient, et mon envie de crier croissait, croissait.

C'est alors que j'ai ressenti ces symptômes physiques, extrêmement familiers, ceux dont je souffrais chaque soir à l'heure du bain : les mains moites, le cœur qui bat et le visage qui chauffe. Et là, au lieu de compter jusqu'à dix pour éviter de crier, j'ai dit un grand « *Bien sûr !* » Bien sûr.

Voyez-vous, à force de tout noter sur des post-it, quand et pourquoi je criais, mon esprit était devenu vraiment doué et avait naturellement développé ses compétences en « réflexions et analyses » autour des « moments de crise » afin de recueillir toute information qui pouvait m'aider à changer. Ce soir-là, à l'heure du bain, mon cerveau avait fait une découverte. Même si je ne me souviens pas exactement de ce qu'il s'est dit à lui-même, le connaissant, ça devait être de cet ordre-là :

« *Eh dis donc, depuis deux ans, voire plus, tu ressens les mêmes symptômes à l'heure du bain, les mains moites, le cœur qui bat, le coup de chaud, et tu as toujours crié. En ce moment, c'est exactement ça que tu ressens et tu as envie de crier mais tu ne peux pas et tu ne le feras pas. Ma cocotte, ces symptômes ne sont pas là pour confirmer ce que tu te dis souvent « oh, c'est juste une bouffée de chaleur » ou « mes mains sont moites parce que je n'ai pas assez bu aujourd'hui » ; ce sont des réactions physiques liées à l'augmentation de ton stress et à ton envie de crier !* »

Oui, à l'heure du bain, à peu près tous les jours pendant les deux ans qui ont précédé le Défi Rhino Orange, je souffrais de tous ces symptômes mais n'avais pas fait le lien entre eux et mes hurlements habituels « Dépêchez-vous ! » ou « Ne m'éclaboussez pas ! » ou « Si vous ne vous mettez pas en pyjama tout de suite, vous allez au lit sans bisous et sans histoire. » Je ne sais pas comment ça ne m'avait pas sauté aux yeux ; les symptômes étaient si intenses que je me revois encore assise sur le carrelage de la salle de bain, en train d'essuyer mes mains sur mon jeans en pensant « *Ça alors, je suis totalement perdue et par-dessus le marché, j'ai le cœur qui s'emballe et je meurs de chaud.* » Les cris étaient si intenses que l'heure du bain était devenue l'un des pires moments avec les enfants, en deuxième position après Noël. Soupir.

Oh, combien de fois mon corps a tenté de me faire comprendre que j'avais besoin de me calmer ; mais je ne m'en rendais pas compte, je criais et infligeais aux enfants et à moi-même une nouvelle soirée de déception et de honte au lieu d'un moment de détente. Oh, comme je voudrais effacer ces souvenirs du bain, de la même façon que je voudrais oublier l'histoire du gobelet, ces preuves de ma super immaturité parentale. Mais je ne peux pas.

Cependant, je peux poursuivre ce que je fais depuis le « bien sûr » de la salle de bain. Je peux faire particulièrement attention aux signaux physiques qui indiquent que la tension monte, et éviter de revivre ces situations, hurler inutilement, casser des gobelets ou renifler du lait.

Alternatives aux hurlements

Lorsque mon corps me signale qu'un cri se prépare gentiment, voici mes alternatives préférées pour me soulager des tensions et retrouver mon calme.

En haut à gauche : gardez le cri, tirez la langue et dites « blahhhhhhh ! »

Au centre à gauche : croquez dans une pomme par jour, et éloignez les cris pour toujours.

En bas à gauche : pour vous libérer de la pression, pressez !

En haut à droite en haut : forcez-vous à sourire pour forcer le cri à partir.

Au centre à droite : fermez les yeux, imaginez une plage et voyez la vague d'émotions négatives passer.

En bas à droite : bouchez-vous les oreilles pour canaliser le désir de crier.

Jour 8 : prises de conscience, actions et conseils

Les prises de conscience du Rhino Orange

- **Mon corps m'envoie des signaux assez évidents pour me dire que je vais craquer (et je ne parle pas du ton de la voix).**
- Identifier ses symptômes physiques et leur prêter attention est un moyen génial pour empêcher de crier.

Les actions du jour

- **Repérez les symptômes physiques qui accompagnent vos cris.**
- **Continuez à enquêter sur ce qui déclenche votre colère** pour comprendre sur quels domaines vous devez vous concentrer.
    - Tirez les leçons de ce que vous écrivez. Si vous écrivez « J'ai crié parce que nous étions en retard » demandez-vous pourquoi vous étiez en retard. Vous manquiez d'organisation ? Le réveil n'a pas sonné ? Vous avez perdu la notion du temps ?
- **Soyez attentive : comment vous sentez-vous physiquement avant et pendant un cri ?**
- **Notez les symptômes physiques qui accompagnent vos cris** dans le tableau de bord et/ou ci-dessous. Cette information vous aidera à reconnaître quand vous êtes sur le point de craquer.
    - Avez-vous les mains moites ? Êtes-vous agitée ? Votre cœur bat-t-il plus vite ? Avez-vous soudainement très chaud ? Avez-vous l'envie de taper contre un mur ? De vous arracher les cheveux ?

Je sais qu'identifier les éléments déclencheurs et recueillir toutes ces nouvelles données vous gêneront, vous effrayeront et vous rendront tristes parfois. S'il vous plaît, faites-moi confiance, c'est une bonne chose pour vous, sans aucun doute, car cela vous aidera à changer et à moins crier.

> **« Je pense que la conscience de soi** est la chose la plus importante pour devenir un champion. »
>
> —Billie Jean King

Les conseils du jour :

C'EST COOL	Optez pour l'aromathérapie (quelques gouttes d'huile essentielle sur vos mains) ; dans les moments de colère, le parfum (de la lavande notamment) apaise.
C'EST CHAUD	Buvez un verre d'eau très lentement, ou deux, cela vous forcera à respirer.
C'EST BOUILLANT	Criez dans les toilettes puis tirez la chasse d'eau pour évacuer le cri et la colère.

Jour 9

Évaluer les situations critiques : « Non, je ne rangerai pas ma chambre ! »

Edward adore, oui adore, ranger sa chambre. En fait, il aime tellement ça que jamais, JAMAIS, il ne se roule par terre en larmes et en tapant des poings sur le sol en criant : « Je déteste ranger ma chambre » ou « Non, je ne veux pas ! » Au contraire, il accourt chaque matin et me dit, « Maman, j'ai tellement hâte de ranger ma chambre ! » Oh, oh comme j'aimerais que cela soit vrai ; j'aurais des matinées tellement plus calmes !

Mais c'est faux. Tous les matins, Edward et moi avons le plaisir de nous engager dans une conversation sur la nécessité de ramasser tous les jouets, peluches et livres qu'il a sortis alors qu'il jouait dans sa chambre pendant que le reste de la maison dormait. Et tous les matins, Edward insiste sur le fait qu'il « ne peut pas ranger sa chambre. »

Un jour, lors d'un énième conflit, alors que je me tenais debout avec Capitaine Crochet et ses amis pirates qui m'attaquaient un pied, je me battais désespérément contre l'envie de hurler. **Mais j'ai décidé de me rappeler l'une des nombreuses leçons tirées du Défi Rhino Orange. J'ai décidé d'arrêter d'argumenter et d'exiger pour commencer à écouter et demander pourquoi. Peut-être y avait-il une raison légitime à tous ces accès de colère.** Peut-être pas, mais peut-être. Et si, en fait, je ne donnais pas à mon fils une chance de s'exprimer ?

« OK, Edward, dis-moi, pourquoi tu ne peux pas ranger ta chambre ? »

« Parce qu'il a trop de bazar », a-t-il répondu.

Bien sûr, j'avais envie de dire « *Bon, mon petit gars. Tu ne m'as pas écoutée quand j'essayais de t'apprendre à mettre de l'ordre au fur et à mesure pour éviter d'avoir un grand désordre à la fin.* » Bien sûr, je savais que ce ne serait pas les propos les plus sympathiques, ni les plus productifs, alors je me suis mordu la langue et j'ai poursuivi.

« C'est un énorme bazar, tu as raison. Mais tu peux y arriver, je sais que tu peux. »

« Mais, maman, je ne sais pas par où commencer. C'est trop », disait-il en sanglotant.

« D'accord. Et si on le faisait ensemble ? »

« Mais Maman, je t'ai déjà dit, il y en a trop. On n'y arrivera pas. »

« Si, on va y arriver. Viens. »

« Mamaaaaan, je t'ai dit, c'est TROP ! » Les cris frôlaient maintenant l'hystérie.

En moi, je pensais « *Oui, je sais, tu l'as déjà dit.* » Aaaaah. STOP. Il venait de me dire la raison exacte pour laquelle il ne pouvait pas ranger sa chambre ; mais je ne l'écoutais pas vraiment. C'était trop – il était trop débordé. Et j'ai compris. Donc, j'ai essayé à nouveau.

« OK, Edward. Je comprends. Tu as raison. Apparemment, il y en a trop. On va le faire, petit à petit, d'accord ? On n'est pas obligés de tout faire à la fois ; on peut s'occuper d'une petite partie. Crois-moi. »

Et c'est ainsi que nous avons rangé la chambre peu à peu. D'abord, on s'est occupés des pirates, puis des Legos, puis des Schtroumpfs, puis des livres, puis du tiroir à chaussettes, et enfin, on a fait son lit.

« Ça y est ! Tu vois, on y est arrivé, Edward ! On s'est occupés d'une chose à la fois et c'était facile, non ? », je parlais avec enthousiasme, ravie d'avoir gardé mon calme.

« Oui, Maman, merci. » m'a-t-il dit doucement, en venant me faire un câlin.

Vous savez, je déteste son bazar du matin, mais j'adore ses câlins du matin et cette tendresse qu'il donne, le petit bougre.

Edward est parti s'habiller, et j'ai remercié le défi Rhino Orange de m'avoir appris la philosophie du « petit à petit, une chose à la fois ». Avant le défi, cette philosophie ne me traversait pas l'esprit quand j'étais contrariée. Au contraire, comme Edward, je me tétanisais quand tout semblait « trop ». Je paniquais. Je faisais exactement le contraire de ce que je devais faire, je ne faisais... rien. Ne rien faire, bien sûr, accentuait le sentiment d'être débordée, donc je me tétanisais encore plus et mes sentiments négatifs grandissaient jusqu'à ce que je me décide à bouger. Comment ? En téléphonant à mon mari ou à ma propre mère, en pleurant « Je ne peux pas », exactement comme Edward sanglotait ce matin-là et tous les matins. Et si je n'arrivais pas à joindre mon mari ou Maman ? Si je me sentais encore débordée ? Eh bien, alors, je criais inutilement sur mes enfants.

Mon mari me disait toujours « Si, tu peux. Souviens-toi de cette citation de Herb Kelleher (le cofondateur de Southwest Airlines) « Vois petit et fais petit, nous grandirons ; vois grand et fais grand, nous deviendrons petits. » Alors, vois petit ; ne pense qu'à une chose à la fois. »

Bien sûr, je n'avais pas fait le lien entre le fait de me sentir débordée et celui de crier, avant de commencer mon enquête sur les éléments déclencheurs et réaliser que « ce n'est pas toi, c'est moi » qui suis en effet débordé. Oui, c'était instructif, motivant et utile de mieux comprendre pourquoi je criais, mais au début, c'était éprouvant. Toutes les informations récoltées me permettaient de bâtir un plan solide... mais un plan avec beaucoup d'étapes. Tellement de choses sur lesquelles travailler ! Tant et si bien que j'ai appelé mon mari et ma mère au moins une fois par semaine pour pleurer « Je ne peux pas ».

Tous les deux me disaient « Il suffit d'y aller petit à petit. Concentre-toi sur une situation, un seul but. Tu peux le faire. »

Ils avaient tous les deux raison. J'ai pris du recul, regardé tous mes éléments déclencheurs et choisi les plus petits, les plus faciles, ceux sur lesquels je pouvais me concentrer rapidement. Il s'est avéré qu'il y avait beaucoup de situations plutôt simples à gérer, qu'elles n'étaient pas toutes gigantesques, immenses. Je me suis occupé d'un facteur de colère à la fois, j'ai avancé par petit pas. Et chaque fois que je me sentais débordée par le défi ou toute autre situation stressante, je me rappelais de « penser petit, d'avancer peu à peu, une chose après l'autre ».

Rapidement, j'ai réduit le nombre de situations critiques et me suis sentie moins débordée par ce lourd impératif de rester calme. Est-ce qu'il m'arrivait, et est-ce qu'il m'arrive encore, d'avoir envie de pleurer et de taper des poings sur le sol comme Edward, parce que tout me semble « trop » ? Oui. ZUT, OUI. Mais au moins maintenant je sais comment gérer ces moments pour éviter de tétaniser et, plus important encore, pour éviter de hurler !

« **N'ayez pas peur de donner
le meilleur de vous-même**
dans les petites tâches.
Chaque fois que vous en réalisez une,
vous avancez et progressez.
Si vous vous occupez bien des petites tâches,
les grandes s'accompliront d'elles-mêmes. »

—Dale Carnegie

Jour 9 : prises de conscience, actions et conseils

Les prises de conscience du Rhino Orange

- Toutes les situations qui me mettent en colère ne présentent pas la même difficulté.
- Identifier et focaliser sur les situations les plus faciles m'ont permis de connaître rapidement des petites victoires, et m'ont motivée à lutter contre les plus difficiles — un problème à la fois.
- J'étais dépassée par certaines situations parce que je savais que je ne pouvais pas les changer ou les contrôler, mais le reconnaître les rendait moins effrayantes et plus faciles à gérer.

Les actions du jour

- **Enquêtez sur ce qui a déclenché votre colère** pour la dernière fois, « officiellement. » Si vous pensez avoir besoin de quelques jours supplémentaires, prenez-les. Il n'y a aucune limite ! Vous reviendrez ici plus tard, et vous engagerez dans le reste des actions du jour pour optimiser les informations récoltées.
- **À la fin de la journée, évaluez les situations qui vous sont difficiles.** Tous les quatre jours, vous procéderez à un nouvel examen : situations gérables, situations délicates, situations impossibles.
    - **Situations gérables :** ce sont les plus faciles, les victoires rapides car une solution simple existe pour supprimer l'élément déclencheur. Exemples : la course du matin (préparer les affaires la veille), le bruit (porter des boules quies ou créer des zones de silence à la maison), les enfants qui oublient de se brosser les dents ou de se laver les mains (afficher les bonnes habitudes dans la chambre).
    - **Situations délicates :** ce sont des moments particuliers que vous pouvez apprendre à anticiper afin d'être prête quand ils surviennent. Dans certains cas, avec suffisamment de pratique, ils pourraient même disparaître de la liste. Exemples : un conflit conjugal, des tergiversations avec les enfants, une grande fatigue, etc.
    - **Situations impossibles :** elles sont hors de votre contrôle, vous ne pouvez pas les faire disparaître ou les adapter à votre emploi du temps. Elles vous hantent probablement tous les jours. Exemples : les problèmes de santé, les événements traumatisants du passé, le comportement des autres. Elles ne sont pas forcément dramatiques : on n'est pas obligée d'être une cuisinière exceptionnelle, ni une bricoleuse avertie.

Ne vous souciez pas d'évaluer ces situations de crise correctement ; contentez-vous de les dissocier parce que cela vous aidera à décomposer le défi en plus petites étapes.

“ Le secret pour avancer, c’est de commencer. Le secret pour commencer, c’est de découper les tâches complexes et trop importantes en petites actions facilement réalisables. Puis d’entreprendre la première. ”

—Mark Twain

Les conseils du jour :

C’EST COOL	**Le truc Rhino Orange :** fermez les yeux et imaginez-vous sur la plage, un cocktail multicolore à la main. Vous êtes heureuse, en paix. Pour embellir le voyage, expliquez à vos enfants où vous allez. Quand je dis aux miens « Maman part en Martinique », ils savent que j’ai besoin d’une pause.
	Dressez la liste de tout ce que vous avez à faire aujourd’hui, y compris les bisous et les câlins. Cela vous empêchera d’être submergée par d’autres tâches et vous resterez concentrée sur le plus important
C’EST CHAUD	Riez même si vous n’en avez pas envie ! Le rire est bon pour le moral, on voit la vie autrement.
C’EST BOUILLANT	Prévoyez de crier « en privé ». Quand la tension est palpable, demandez aux enfants de sortir pour crier un bon coup.

3

Gérer les situations de crise

« **Le plus difficile, c'est de décider d'agir,** le reste n'est que ténacité. Vous pouvez faire tout ce que vous décidez de faire. Vous pouvez agir pour changer et contrôler votre vie ; la méthode, le processus, constitue la récompense en soi. »

—Amelia Earhart

Je me souviens encore de mon enfance, quand ma mère disait qu'on ne progressait au piano qu'en s'entraînant ou quand mon père expliquait que les mathématiques devenaient plus faciles en s'exerçant... Et je détestais qu'ils m'incitent tous les deux à la pratique ! Donc, si vous me détestez en ce moment parce que j'emploie le mot *entraînement*, je le comprends. Sincèrement, qui aime s'entraîner ? *Pas moi !* Lorsque j'ai commencé le Défi Rhino Orange, je voulais juste de me réveiller un matin en étant devenu un parent serein ; je ne tenais pas à m'entraîner pour cela ! Mais, j'en avais pourtant besoin. Il m'a fallu quatre essais et environ deux semaines de pratique pour savoir repérer l'arrivée d'un cri, pour comprendre ce qui le déclenchait, pour distinguer les alternatives qui marchaient et celles qui ne marchaient pas, et enfin aller de l'avant et atteindre mon but. Je sais que vous voulez probablement sauter les étapes et vous lancer directement dans votre objectif de ne pas crier (nous allons y arriver, je vous le promets), mais croyez-moi, la mise en pratique de ces cinq prochains jours vous offrira une récompense que vous ne voulez pas manquer.

Jour 10

Anticiper les situations gérables : le désordre me donne envie de hurler

Quand je suis sur le point de craquer, je n'ai pas seulement mon petit « Rhino Orange » en tête, j'ai aussi très souvent le petit oiseau jaune de l'auteur pour enfants P.D. Eastman. Il se trouve juste à côté du rhino et, lorsque cela est nécessaire, il me rappelle comment gérer les événements. Mon oiseau est apparu un soir, alors que je finissais de raconter l'une de ses histoires :

« Le lendemain matin, Fred a dit : « Mon lit est trop petit ! »

« Mon lit est trop grand » a dit Ted.

« Je sais quoi faire ! » a répondu l'oiseau.

« Ted devrait dormir en haut et Fred devrait dormir en bas. » ... Ted dormit toute la journée dans le petit lit douillet. Et Fred dormit toute la journée dans le grand lit confortable.

« Eh bien, c'était très facile. Les gros chiens ont besoin d'un grand lit. Et les petits chiens ont besoin d'un lit plus petit. Pourquoi faire des petits problèmes des gros problèmes ? »

Sérieusement. Les problèmes sont déjà difficiles alors pourquoi les compliquer ? Ou, autrement dit, pourquoi prendre un petit élément déclencheur et l'aggraver en criant ?

Il était totalement improductif de créer une tempête dans un verre d'eau.

C'est pourquoi, quand j'ai lu cette phrase j'ai ri. Un petit oiseau (bon, d'accord, P.D. Eastman...) venait de résumer ce avec quoi j'avais lutté ce jour-là. J'avais pris un très petit problème, un problème infiniment petit, et presque hurlé. Vraiment ?! Voyez-vous, je venais de faire une crise de nerfs en triant le linge. Oui, vous lisez correctement : une crise de nerfs pour du linge. J'étais en colère, parce que, comme d'habitude, je n'arrivais pas à rassembler toutes les paires de chaussettes ! S'il vous plaît, pouvez-vous m'expliquer pourquoi la taille de la chaussette est imprimée dans la même couleur que la chaussette elle-même, et que l'on doit loucher pour la déchiffrer ? Non mais, attendez, l'inscription est sous le pied ! Personne ne va la voir, qui se soucie qu'elle soit de la même couleur ?! Je veux juste pouvoir la lire pour faire des paires et poursuivre ma journée !

J'ai rapidement compris que les hurlements faisaient pleurer mes garçons, ce qui envenimait la situation puisque, en plus de ce qui m'avait initialement contrariée, je devais gérer un enfant triste et fâché.

Bon, j'arrête de fulminer. Je recommence à trier. Cependant, j'étais contrariée, les garçons me posaient des tas de questions alors que Mac essayait de « m'aider » (en vidant la corbeille à linge). C'était clairement un moment « Ce n'est pas toi, c'est moi » mais arghh ! je commençais à devenir irritable et pouvais sentir monter mon envie de crier. Heureusement, le téléphone a sonné et le cri et le linge ont été mis de côté. Le stupide problème n'était pas résolu, mais rien n'avait dégénéré.

Le soir même, je lisais à Andrew l'histoire du petit oiseau jaune « *Pourquoi faire des petits problèmes des gros problèmes ?* » et cette phrase me frappait. J'ai alors trouvé une solution simple au problème de la chaussette. J'ai fait des maths.

4 enfants + 2 parents = 6 personnes.

Une semaine = 7 jours.

Ce qui voulait dire qu'au lieu de mélanger tout le linge et d'avoir à faire le tri dans la nuit, je pouvais faire une lessive par personne chaque jour et ne plus jamais avoir à rassembler des paires de chaussettes – une solution simple, facile. Quand je dis que cette solution a changé ma vie, c'est un euphémisme. Bon, c'est un euphémisme, mais c'est le moins que l'on puisse dire ! Je n'avais plus à trier de vêtements ou à assortir de chaussettes ; et cela m'épargnait une bonne vingtaine de minutes de temps et de frustration par jour ! Une solution si simple. (Je vous l'ai déjà dit ?)

Pourquoi n'avais-je pas pensé à cette solution de lessive personnalisée plus tôt ? Ce n'était certainement pas par manque de linge ; il y en avait tellement ! Non, c'était parce que je ne m'étais pas arrêtée et je n'avais pas pensé à résoudre le problème, ce qui était assez ironique puisque c'est ce que je m'apprêtais à faire pendant les onze prochains mois du Défi Rhino Orange. Vous voyez, dès que j'ai commencé à identifier ce qui déclenchait ma colère, j'ai compris que de nombreuses situations étaient faciles à gérer. Tout ce que j'avais à faire était de m'arrêter, de chercher des solutions et hop ! le problème disparaissait.

Problème : je suis stressée juste avant le dîner parce que je ne sais pas quoi cuisiner ou quel plat préparer avec ce qu'il y a dans le frigo… et les garçons rongent leur frein, ce qui m'empêche de penser.
Solution simple : je fais le menu de la semaine tous les samedis matins, vais faire les courses en conséquence, affiche ledit menu sur le frigo et voilà ! plus de stress pour savoir quoi cuisiner et si les ingrédients sont au complet !

Problème : James vide sa boîte à Legos par terre, afin de trouver plus facilement les pièces dont il a besoin ; du coup a) il est impossible de marcher dans sa chambre sans se blesser les pieds et b) il est impossible pour lui de ranger parce que ça prend une ÉTERNITE.
Solution simple : j'achète un grand tiroir que je glisse sous son lit et je mets tous ses Legos dedans ; maintenant, il le sort et ne doit pas le vider parce qu'il peut trouver ses pièces facilement. Bien joué !

Problème : la course du matin. Euh, tout est dit, non ? Trouver ses chaussures et son sac à dos, passer aux toilettes, mettre son manteau et grimper dans la voiture… tout cela met si longtemps pour mes enfants très distraits que j'ai envie de hurler des « ordres » pour qu'ils bougent.
Solution simple : la veille, je mets les sacs à dos devant la porte d'entrée pour qu'ils les trouvent rapidement le lendemain matin. Ce n'est qu'une chose en moins, mais chaque « chose en moins » compte.

Et mon petit problème le plus gros… le **DÉSORDRE** !
Problème : oh, désordre, comme je te déteste !
Je me souviens encore très bien de ce matin, peu de temps avant le Défi Rhino Orange, où je marchais de la cuisine au salon en observant le bazar méchamment visible pour moi. Partout où mes yeux se posaient, des papiers ricanaient, des jouets aux couleurs criardes ricanaient, des chaussures ricanaient. Tous me disaient « *Nananère, nous ne sommes pas*

rangés et tu détestes ça ! » Euh, oui ! Andrew m'a alors appelée, innocent, gentil « Maman ? » et j'ai éclaté, ou plutôt, j'ai rugi « Tu veux quoi ? » Évidemment, il a fondu en larmes.

« Je voulais juste te dire Bonjour et te faire un câlin. »

Eh bien, c'était qui la méchante maintenant ?

Moi.

J'ai regardé mon mari, les larmes dans les yeux. « Chéri. Partout où je regarde, il y a quelque chose à ranger. C'est sans fin. Je sais que je suis censée lâcher prise, mais je n'y arrive pas. Ça me rappelle TOUT ce que j'ai à faire et que je ne vais pas y arriver. Ça me rappelle combien la journée est un chaos, combien je suis toujours en retard. Ça me rend dingue ! »

« Ça va », me rassurait-il ; seulement ça n'allait pas. J'avais encore plus envie de crier. J'avais envie de prendre un sac poubelle, le remplir avec les piles de papiers et de jouets et tout jeter à la décharge.

Mais ce que je voulais vraiment ce matin-là, comme TOUS LES MATINS, n'était pas une maison propre, mais de l'ordre. Les maisons rangées apaisent. Les placards rangés apaisent. Les chambres rangées apaisent. Parce qu'ils représentent l'ordre. Or, avec quatre jeunes enfants, je manquais de cet ordre dont j'avais très envie. Grâce auquel je gardais les pieds sur terre et restais saine d'esprit. Et la solution simple que j'allais découvrir me permettrait de rester saine d'esprit... et de moins crier !

Solution simple : tous les soirs, quoi qu'il arrive, je prends cinq minutes, parfois dix, et je range tout ce que je vois. Cette solution simple a changé ma vie, autant que ma solution lessive. En m'arrêtant et en réfléchissant à comment anticiper la situation, j'ai trouvé la parade : j'arrive tous les matins dans une cuisine rangée, je peux respirer et garder mon calme même quand mes quatre enfants me demandent en même temps du jus, du lait, de l'eau, des fruits et des céréales. Comment je le sais ? Eh bien, les jours où je ne prends pas ces cinq minutes, cela m'en prend beaucoup plus le lendemain pour rester calme.

Oh, il y a tellement de situations qui me donnent envie de hurler, et il faut du temps pour les identifier. Mais la bonne nouvelle ? Beaucoup d'entre elles sont facilement gérables si je prends un moment pour y penser. L'autre bonne nouvelle ? Réfléchir à ces petits problèmes évite de les envenimer, ce qui évite aux enfants du chagrin et à la maman les remords et la culpabilité. Je dirais donc que ce temps et ces efforts en valent la peine, pas vous ?

Jour 10 : prises de conscience, actions et conseils

Les prises de conscience du Rhino Orange

- Crier envenime la situation. Peu importe que le problème soit grand ou petit, hurler l'aggrave forcément.
- Crier n'arrange rien. S'arrêter, penser et trouver une solution peuvent, eux, résoudre un problème.

Les actions du jour

- **Anticipez les situations gérables.** Recopiez tous les éléments déclencheurs que vous avez repérés comme gérables sur une nouvelle feuille de papier. Le titre de cette liste : les victoires rapides du Rhino Orange.
- **Prenez l'un d'entre eux et décidez de le résoudre aujourd'hui.** Prenez cinq à dix minutes pour réfléchir au problème et penser à des solutions. Si c'est possible, demandez à vos enfants s'ils ont des idées. Les associer aux solutions vous rendra la tâche plus facile.
- **Cochez votre problème sur la liste lorsque vous aurez réussi à le solutionner pour éprouver de la fierté.** Sérieusement ! Si vous avez encore du temps et de l'énergie, choisissez-en un autre. Et cochez-le, une fois résolu.
- **Affichez votre liste « Les victoires rapides du Rhino Orange » dans une pièce que vous fréquentez souvent.** Les prochains jours, si vous n'avez pas le moral, passez en revue toutes ces petites victoires. Puis choisissez un nouveau « problème facile » à résoudre pour doper votre confiance.

> “ **Pense à gauche et pense à droite**
> et pense en bas et pense en haut.
> Oh, ces idées que tu ne peux inventer
> qu'en essayant ! ”
>
> —Docteur Seuss

Les conseils du jour :

C'EST COOL	Mettez des fleurs orange dans votre cuisine. Les choses les plus simples peuvent vous apporter les plus grands bonheurs ; quand vous êtes heureuse, vous criez moins.
C'EST CHAUD	Prenez votre appareil photo. Photographier un désagrément oblige à le voir tel qu'il est et à comprendre qu'il ne mérite pas un cri ; cela peut être très drôle aussi.
	Partez. Vous ne pouvez pas résoudre un problème en criant. S'éloigner évite de hurler et permet de penser, de prendre du recul et de trouver des solutions. (Simple, mais difficile, je sais !)
C'EST BOUILLANT	Tambourinez sur la table jusqu'à ce que la rage s'estompe. C'est un anti-stress mais aussi l'occasion de commencer une soirée dansante, histoire que tout le monde se détende.

Figez l'instant, figez le cri ! (Évidemment, je vérifie que mes petits monstres sont en sécurité avant d'attraper l'appareil photo !)

Jour 11

Gérer les situations délicates : le trouble crée le cri

Je vais vous parler d'une difficulté très personnelle, une de celles que j'ai peu partagées dans ma vie parce qu'elle est tellement embarrassante et frustrante que j'ai préféré la cacher et l'ignorer pendant des années. Oh, comme j'ai espéré qu'elle disparaisse comme par magie, qu'elle me libère de la douleur et de la honte que je ressens chaque fois qu'elle montre sa vilaine tête (ce qui arrive, par ailleurs, au moins trois ou quatre fois par jour). Mais elle n'a jamais disparu et lorsque j'ai commencé le Défi Rhino Orange, je ne pouvais plus la cacher, ni la nier. Quand j'ai appris à repérer les situations délicates et compris ce qui déclenchait ma colère, j'ai découvert – ou plutôt, j'ai été forcée d'admettre – que ma petite difficulté n'était pas seulement réelle, mais qu'elle était aussi un très gros (un gargantuesque) élément déclencheur. Oui, il y n'avait aucun doute sur le fait que si je voulais arrêter de crier, je devais commencer à gérer ce problème, même si c'était compliqué.

Prêt à connaître mon secret ?

Je souffre d'un trouble du traitement de l'information sensorielle. D'une hypersensibilité sensorielle, si vous préférez.

Euh, c'est quoi au juste ?

Cela signifie que j'ai des « attaques sensorielles », qui surgissent quand un ou mes cinq sens sont surchargés d'informations, à tel point que je ne peux plus me contenir et passe du calme au chaos en une fraction de seconde. Cela vient d'un trop-plein de bruit ou d'images, ou simplement parce que j'ai trop chaud, que mes vêtements sont trop serrés ou me démangent, ou après avoir mangé un aliment pâteux ou senti une odeur répugnante, ou encore parce qu'une combinaison de toutes ces sensations « attaque » mon corps. Ces attaques arrivent parfois à l'improviste ; parfois je les sens venir. Il me faut entre trente minutes et une journée entière pour me sentir calme à nouveau et en mesure de contrôler mon corps après une attaque (mais il faut beaucoup plus de temps pour oublier l'embarras et la honte éprouvés).

Lors d'une « attaque sensorielle », j'ai littéralement le désir physique de craquer d'une manière plutôt agressive. Je sens que l'intérieur de mon corps est en feu, que ce feu cherche à brûler ma peau afin de sortir et s'échapper. J'ai envie de m'enfuir à toute vitesse et de courir jusqu'à ce qu'il refroidisse, jusqu'à ce que mon cœur cesse de battre si fort qu'il me fait mal, jusqu'à ce que ma peau ne me démange plus au point de vouloir l'arracher, jusqu'à ce que l'intensité qui m'accable s'estompe. Mon corps, mon esprit et mon âme veulent fuir la violence physique qu'ils éprouvent suite à l'attaque sensorielle, mais ils ne le peuvent pas.

Je me sens prise au piège, parce que je suis piégée, livrée à la merci de l'attaque sensorielle, et tout ce que je peux faire une fois qu'elle a frappé est d'attendre qu'elle s'en aille. Et puisque je ne peux pas fuir la douleur ou la frustration, je me bats. Je me bats contre mon corps en jetant des choses. Je me bats contre mon corps en pleurant. Je me suis même battu contre mon corps en tirant sur mes cheveux, en tapant sur ma tête. **Et je me battais en criant.**

J'aimerais écrire que mes enfants n'ont jamais assisté à l'une de ces attaques, qu'ils ne m'ont jamais vue repousser mon assiette et refuser de manger parce que ma viande n'avait pas la bonne texture au bon moment. J'aimerais écrire que les garçons ne m'ont jamais vue déchirer une écharpe flambant neuve (et très à la mode et très cool!) et la jeter à la poubelle en criant, « Je hais les vêtements. Je les hais, je les hais! Rien n'est jamais bien! » J'aimerais écrire qu'ils ne m'ont jamais vue devenir furieuse à cause d'une mauvaise réception de la radio et éteindre violemment ce bruit strident avant d'exploser. Oui, j'aimerais dire qu'ils n'ont jamais été témoins de ce qui précède, mais ce serait un mensonge.

Et j'aimerais beaucoup, plus encore, écrire que mes enfants n'ont jamais été les cibles de l'une de mes attaques sensorielles, mais ce serait aussi un mensonge. La mauvaise nouvelle est qu'ils ont en effet été les victimes collatérales de ces épisodes, mais la bonne nouvelle (enfin, la moins mauvaise) est qu'il s'agissait de cris et pas davantage. Oh, comme je leur ai crié dessus quand mon corps ne pouvait plus simplement gérer un autre bruit, peu importe qu'il soit discret ou involontaire.

> En ayant conscience de la profondeur du problème, j'ai pu commencer à réellement le gérer au point qu'il n'est plus aujourd'hui une difficulté majeure, ce qui est, permettez-moi de vous le dire, tout simplement génial.

J'ai crié « Allez-vous en! » quand mes enfants mangeaient innocemment du pop-corn près de moi, et qu'avec leur bouche ouverte j'entendais chaque craquement.

J'ai crié « Taisez-vous, TOUT DE SUITE, c'est trop! Je ne peux pas le supporter. Je vais partir! » quand ils parlaient tous à la fois, de plus en plus fort, afin d'être mieux entendus que les autres.

J'ai crié « Bon, c'est fini les câlins! Je ne veux plus qu'on me touche! Laissez-moi tranquille! » Oui, c'était une chose terrible à dire, et le pire est que je l'ai dite souvent.

Et ensuite je criais après moi « *Reprends-toi! Si tout ce que tu veux c'est avoir des enfants calmes qui ne jouent à rien parce que tu ne peux pas tolérer le bruit et le chaos, alors pourquoi as-tu eu des enfants?! Et quatre, en plus! Tout ce que tu fais est de constamment réprimer leur joie et leur enthousiasme tout simplement parce que Maman ne peut pas les supporter. Sérieusement?* »

Toute ma vie, j'avais fait des efforts pour contrôler et cacher cette faille. Lorsque je suis devenue maman, j'ai appris à mieux la contrôler parce que je voulais aimer mes enfants et ne pas déverser ma fureur contre eux. Et j'y suis parvenue de nombreuses fois. Mais oui, il y a eu des moments où je n'ai pas su me contrôler, et ceux-là m'ont humiliée et découragée, ils m'ont blessé le cœur.

Mais la bonne nouvelle, oui, la vraiment bonne nouvelle, est que le Défi Rhino Orange m'a forcée à enfin gérer mon problème. **Mon syndrome ne me pousse plus à crier parce qu'évaluer les situations critiques m'a forcée à trouver un moyen de gérer cet énorme élément déclencheur.** Et heureusement pour moi, au moment même où je prenais conscience et acceptais ce trouble du traitement de l'information sensorielle, l'un de mes fils commençait une ergothérapie pour la même raison.

Tout ce qu'il a appris alors, tout ce qu'il m'a dit et tous les exercices que nous avons fait ensemble pour « l'aider » m'a réellement aidée à gérer ma propre difficulté.
J'ai appris à faire des pompes quand je sentais venir une attaque.
J'ai appris à mettre des boules quies quand le bruit m'accablait.
J'ai appris à tirer doucement sur mes doigts pour me calmer.
J'ai appris à manger des aliments croquants, comme des pommes, pour apaiser mon esprit quand je me sentais crispée.
J'ai appris à prendre de profondes respirations, même si j'ai détesté !
J'ai appris à prioriser le sommeil parce qu'il était essentiel pour réguler mes humeurs.
En fait, tous ces petits trucs marchaient si bien pour m'aider à rester calme, à prévenir et à gérer mes attaques sensorielles que j'ai décidé de les essayer pour m'aider à rester calme, à prévenir et gérer mes envies de crier. Eh bien, vous ne le savez pas... mes astuces fonctionnent parfaitement sur les attaques de colère !

Si je regarde en arrière, apprendre à gérer ce syndrome a été bien plus facile que je m'y attendais. Ai-je pu le faire disparaître complètement, comme j'en rêvais ? Non, je suis juste un Rhino Orange, pas une fée ! Mais je suis maintenant beaucoup plus capable de contrôler mes émotions et de les apaiser, mais aussi de ne plus crier sur mes enfants inutilement. L'un dans l'autre, je suis une meilleure personne et un meilleur parent. Une personne qui, par ailleurs, est en train de pleurer tant elle se sent reconnaissante d'avoir commencé son voyage pour arrêter de crier et d'avoir ainsi appris à surmonter une si grande difficulté personnelle contre laquelle elle se battait depuis tant d'années.

Jour 11 : prises de conscience, actions et conseils

Les prises de conscience du Rhino Orange

- Ignorer un élément déclencheur parce que je craignais qu'il n'y ait aucun moyen de le gérer ne m'apportait rien ; le reconnaître, essayer de le comprendre et apprendre à faire avec m'ont fait beaucoup de bien.
- Parvenir à contrôler mes difficultés m'a revigorée, mais je ne l'aurais jamais su si j'avais continué à les fuir parce qu'elles me faisaient peur.

Les actions du jour

- **Gérez les situations délicates.** Choisissez un élément déclencheur que vous avez repéré comme « délicat » et décidez d'y travailler aujourd'hui. Réfléchissez à la façon de limiter son impact et d'y répondre lorsqu'il se produit. Demandez peut-être l'avis de vos amis ou de votre famille ; plusieurs idées valent mieux qu'une.
- **Notez votre difficulté et vos objectifs pour mieux la gérer afin que tout cela soit réel et vous permette de rester sur la bonne voie.** Exemple :
    - Difficulté : les enfants refusent de manger au dîner.
    - Plan : composez le repas avec au moins un aliment apprécié par chaque enfant, du riz pour le premier, des poissons panés pour le second, des tomates pour le troisième.
    - Alternative pour éviter de crier si le plan ne fonctionne pas : utilisez des serviettes de table orange qui serviront de pense-bêtes.

Quand vous aborderez ce premier problème, n'oubliez pas que vous vous entraînez et qu'il faut du temps pour apprendre à crier moins. Les difficultés font partie du processus. Comme l'a dit Frederick Douglass « S'il n'y a aucune lutte, il n'y a aucun progrès. » Vous faites des progrès ; apprendre à gérer un élément déclencheur est en effet un progrès. Ne vous inquiétez pas si vous ne le maîtrisez pas aujourd'hui - vous avez droit à plusieurs jours d'entraînement !

> **“ Accepter ne veut pas dire se résigner ;** ça veut dire comprendre que les choses sont ainsi et qu'il doit y avoir un moyen de passer à travers. ”
>
> —Michael J. Fox

Les conseils du jour :

C'EST COOL	Pensez à emporter des cachets contre le mal de tête ou des boules quies dans les moments que vous savez bruyants (lieux confinés : gymnase, aire de jeux intérieure, etc.) pour ne pas être prise au dépourvu.
	Dites « merci ». Plus vous êtes ouvertement reconnaissante, plus vous êtes heureuse. Et plus vous êtes heureuse, moins vous avez envie de crier.
C'EST CHAUD	Mâchez. Le chewing-gum canalise la frustration et empêche les grossièretés.
C'EST BOUILLANT	Pétrissez de la pâte à modeler (ou une boule anti-stress ou même un torchon) mais ne criez pas. Malaxez jusqu'à ce que la colère vous quitte.

Jour 12

Prendre conscience des situations impossibles : la journée de 25 heures

Au Noël suivant la naissance de James, j'avais demandé au Père Noël de m'offrir une heure supplémentaire dans la journée. Je ne pense pas qu'il ait reçu ma lettre parce que je n'ai jamais reçu cette heure supplémentaire. Ou peut-être a-t-il reçu ma lettre mais ignoré ma demande car il n'aimait pas ma façon d'écrire. Ou peut-être, et il s'agit d'un gros peut-être, a-t-il préféré m'offrir une nouvelle écharpe et une veste au lieu de l'heure supplémentaire parce que transformer 24 heures en 25 ne fait tout simplement pas partie de ses pouvoirs magiques, peu importe que j'ai été sage cette année-là.

Soupir. Je pense ne jamais recevoir cette vingt-cinquième heure du Père Noël.

Tous les souhaits et les espoirs du monde ne suffiront pas à me donner cette vingt-cinquième heure si désespérément désirée. Rien ne peut changer le fait que la journée dure 24 heures et le durera toujours. Je le sais. Je veux dire, je suis une fille un peu intelligente, et je le comprends. Et pourtant, je ne comprends pas. Parce que si je le comprenais vraiment, si vraiment j'acceptais le fait que la journée ne comptera jamais 25 heures, je n'essaierais pas de faire autant de choses, je saurais que physiquement c'est impossible compte-tenu du temps dont je dispose.

En fait, laissez-moi reformuler. Suis-je en mesure de faire tout ce que j'essaie de faire ? Suis-je capable de gérer les quatre emplois du temps de mes enfants, les activités périscolaires, leurs besoins, leurs désirs, tout en veillant à mon mariage, en entretenant la flamme ? Puis-je faire tout cela en gardant aussi le contact avec mes amis, autant que j'en ai envie et besoin, autant qu'ils le méritent ? Puis-je faire tout cela en participant à la vie associative et sportive de mes enfants ? Oh et attendez, puis-je faire tout cela tout en gérant la maison, en essayant de garder le sourire, en veillant à m'occuper de moi, à nourrir mon âme, à faire de l'exercice, à écrire, à sortir ou à prendre soin de ma famille et de mes amis ?

Théoriquement, oui, je le peux.

Je peux faire tout cela.

Je peux rester debout tard tous les soirs et me réveiller tôt tous les matins pour faire tout ce que je veux faire. Je peux pousser et me pousser à l'extrême pour parvenir à caser tout ce que je veux faire en l'espace de vingt-quatre heures. Et puis, quand tout sera fait, je peux me plaindre à mon mari, lui avouer que, encore une fois, j'ai crié sur les enfants parce que j'étais épuisée. Je peux me plaindre à ma mère, lui avouer que, encore une fois, j'ai crié sur les enfants parce que je me sentais déçue de ne pas être à la hauteur, frustrée de ne pas faire comme il faut, incapable de profiter de quoi que ce soit parce que toujours inquiète de ce que je dois faire. Je peux me plaindre à moi-même, m'avouer que, encore une fois, j'ai crié sur les enfants, parce que je suis dépassée et stressée au point que chaque petit mouvement me coûte.

Donc, oui, je peux tout faire en 24 heures.

Mais je le paye cher.

Et mes enfants aussi (et probablement tous mes proches, d'ailleurs). Essayer de tout faire dans les temps, ne pas savoir me dire « *Non, tu ne peux ; tu n'as pas le temps* ». En fait, de tous mes facteurs de colère jusqu'ici identifiés, je suis assez honnête pour avouer qu'il s'agit d'une difficulté majeure.

La vérité est que j'adore dire oui et essayer de tout faire. J'adore faire tout ce que je peux. J'adore faire tout ce que je peux pour que mes enfants se sentent uniques, comme décorer la maison pour chaque événement, leur écrire des petits mots d'amour, leur organiser des anniversaire extraordinaires. J'essaie de faire de belles surprises à mes amis et mon mari, non seulement parce que cela me fait plaisir et, espérons-le, leur fait plaisir, mais aussi parce que je veux prouver à mes enfants qu'être généreux rend heureux. Et j'aime saisir les occasions ; je me dis souvent « *Ah, je dois faire ça maintenant. Il n'y aura pas d'autres occasions. Je dois le faire. Et je le peux. ALLEZ.* »

...ne pas savoir me dire « *Non, tu ne peux ; tu n'as pas le temps* » – argh ! Ignorer le mot « non » – voilà autant d'éléments déclencheurs pour crier.

L'autre vérité cependant, la vérité la plus importante, est que, souvent, je n'aime pas le résultat : ma tendance « jusqu'au-boutiste » me met de mauvaise humeur. Je n'aime pas me fâcher parce que je suis dépassée. Je n'aime pas crier parce que j'ai tenté d'en faire trop.

Je me souviens très bien d'un jour, alors que j'essayais de reprendre le cours de mon défi après un échec. J'avais bien trop de choses à faire. Je venais d'exiger de moi-même d'arrêter de crier, ce qui, comme vous le savez, est un énorme engagement. Mais je m'étais mise au régime aussi. C'était après les fêtes, alors j'ai pensé, eh, c'est le bon moment pour ajouter quelques nouveaux projets à mon panier. Mon panier a débordé et la fatigue, l'impatience et la frustration ont débordé de la même façon.

Alors que je regardais ma liste de choses à faire et réfléchissais à la façon dont j'allais m'en sortir, mes garçons jouaient tous ensemble, heureux, dans le salon. Ils avaient tranquillement et joyeusement éparpillé différents types de Legos, de voitures et de figurines, ils avaient enlevé tous les coussins du canapé pour créer une grande ville, ou un château ou je ne sais quoi. Ce que je savais, en revanche ? Que c'était le bazar. J'ai regardé le haut de ma liste et, accablée par l'étendue de mes propres tâches, j'ai crié.

« Regardez ce bazar ! C'est horrible ! Ça va prendre une éternité pour tout ranger ! »

Huit yeux m'ont regardée, désespérés de m'entendre dire que leur belle création n'était que du bazar, de m'entendre critiquer et rejeter le fait qu'ils avaient travaillé ensemble, joué ensemble, construit ensemble. C'était complètement déplacé.

Ce n'était pas le salon qui était en bazar mais moi.

La tristesse m'accablait. Ça n'était pas la première fois que je criais pour rien. J'avais l'habitude de hurler pour des choses tellement futiles. Comme aspirer bruyamment une glace. Vraiment, se régaler mérite-t-il d'être réprimandé ? C'est tout simplement ridicule.

J'ai réalisé à ce moment-là que je criais souvent quand mes enfants profitaient simplement de la vie (et d'une manière appropriée, d'ailleurs) et que chaque fois que je hurlais dans de telles situations, **j'emportais avec mes cris leur amour pour la vie, leur joie et leurs sourires.**

Cette prise de conscience m'a frappée en plein cœur.

Crier n'était pas la seule chose qu'il fallait arrêter. Je devais arrêter de penser que la journée pouvait durer vingt-cinq heures et que je pouvais faire tout ce que je voulais faire. J'avais besoin – non, envie – de commencer à embrasser la vie comme les garçons au lieu de me gâcher la vie à vouloir trop en faire.

Ce jour-là, j'ai ajouté « penser que je peux tout faire » à la liste de mes éléments déclencheurs. Bien que j'aie pris conscience qu'il n'y aura jamais vingt-cinq heures dans une journée, que je ne peux pas tout faire, que je ne peux pas faire tout pour tout le monde tout le temps, je ne peux pas dire que je l'ai complètement accepté. Parce que, pendant que je m'applique à en faire moins et à comprendre qu'aimer ses enfants, ses amis et sa famille ne signifie pas tout faire pour eux, je me surprends parfois à remplir mon panier à ras bord en pensant que j'y arriverai comme par magie.

Mais c'est impossible.

Je dois reconnaître pleinement que c'est impossible si je veux que cet élément déclencheur disparaisse. Car, une fois cela intégré, j'arrêterai d'encombrer mes journées de stress inutile. Je veux que mes jours soient remplis de beaux moments avec mes enfants.

Jour 12 : prises de conscience, actions et conseils

Les prises de conscience du Rhino Orange

- Reconnaître que certaines situations sont impossibles engendre d'abord la panique, mais ensuite c'est libérateur parce qu'on a plus à dépenser d'énergie en essayant de les changer – je dois juste essayer de me changer moi.
- Les enfants sont en effet des enfants et ils font des choses d'enfant, je ne peux pas changer cela, quand bien même j'essaye et surtout, quand bien même je crie.

Les actions du jour

- **Réalisez que certaines situations sont impossibles.** Passez en revue votre liste et identifiez les éléments déclencheurs que vous ne pouvez pas changer.
- **Écrivez pourquoi ces facteurs sont immuables.** Écrivez ensuite pourquoi changer, vous, d'attitude serait profitable. Par exemple : mon mari a horreur de planifier les vacances. Sachant cela, je peux arrêter de le harceler, et rassembler moi-même les informations pour en discuter plus tard ensemble et clore cette journée dans la bonne humeur. Il y a tant d'autres choses pour lesquelles il est doué !
- **Partagez ce que vous venez d'admettre avec votre réseau de soutien pour bien intégrer votre nouveau point de vue.** Plus vous échangez à ce propos, plus vous penserez que le problème ne peut pas changer mais que vous, vous le pouvez.

Je sais que les prises de conscience et les actions du jour sont difficiles à lire et encore plus à adopter. Soyez gentille avec vous-même aujourd'hui, alors que vous intégrez cette nouvelle donne, car penser à des sujets difficiles et immuables peut en lui-même déclencher la colère ! Entourez-vous de pense-bêtes pour vous souvenir de votre promesse, et d'amis pour vous soutenir, et sachez que cette journée difficile vous offrira de beaux lendemains, bien plus faciles !

> **« Il y a deux choses**
> dont les hommes devraient se contenter,
> ce qu'ils peuvent donner,
> et ce qu'ils ne peuvent pas donner. »
>
> —Platon

Les conseils du jour :

C'EST COOL	Éteignez les lumières ; le noir stoppe les enfants dans leur élan (hein, qu'est-ce qui se passe ?) et apaise la situation. Bonus : allumez des bougies et dînez aux chandelles.
C'EST CHAUD	Convoquez la famille à une assemblée générale en plein milieu du chaos ; invitez chaque enfant à parler de son problème et cherchez ensemble des solutions.
C'EST BOUILLANT	Dites tout haut l'âge de votre enfant pour vous souvenir qu'il n'est qu'un enfant. « Oh, mince, tu n'as que 4 ans ! » Oui, 4 ans. Pas 40. Donc, il apprend encore à obéir.

> “ **Les belles choses**
> ne se créent pas sous l'impulsion,
> mais grâce à un ensemble de petites choses. ”
>
> —Vincent Van Gogh

Jour 13

Accepter les situations impossibles : je ne peux pas changer mon fils

Andrew avait eu de la fièvre auparavant, mais juste après son premier anniversaire, il a connu la première de « ces » fièvres. Ces fièvres qui surviennent n'importe quand, durent une semaine à dix jours et tournent autour de 40 °C. Ces fièvres qui empêchent de manger ou de boire tant la gorge est irritée et qui font pleurer et crier tant la douleur est forte. Ces fièvres qui le laissaient si affamé et fatigué qu'il était capable de pleurer et de crier pendant une nouvelle semaine parce qu'il n'avait pas les mots pour exprimer ce dont il avait besoin. Ces fièvres qui ont fini par être diagnostiquées et étiquetées sous le nom de syndrome de fièvre périodique.

Cependant, en qualité de mère et sachant que j'étais celle qui vivait avec lui 24 heures sur 24 lors de ces épisodes, je leur ai donné un nom différent. Mon diagnostic officiel ? Ces fièvres qui ont appris à mon fils comment hurler à la mort. Ces fièvres qui ont retardé son apprentissage du langage. Ces fièvres qui le rendaient malheureux. Ces fièvres qui me rendaient malheureuse. Ces fièvres qui m'ont fait crier – vraiment, vraiment crier.

Alors que j'écris cela, j'ai les larmes aux yeux. Mon bébé, mon doux Andrew, a connu tant de souffrances pendant dix longs mois. Ces fièvres mensuelles l'ont incommodé une grande partie de sa deuxième année, et je ne pouvais rien y faire. Rien. Ses cris de douleur et de frustration dus au fait qu'il ne pouvait pas encore nous dire ce dont il avait envie ou besoin m'ont rendue folle. Certains jours, quand je ne pouvais pas même le toucher, je lui disais « STOP ! » ou « ASSEZ ! » J'étais méchante. J'étais blessante. Je ne comprenais rien. Ces jours-là, je n'étais pas tendre, loin de là.

J'étais en colère.

Je n'étais pas en colère contre lui, bien sûr ; j'étais en colère contre la situation. J'étais en colère d'avoir à attendre pour voir si le syndrome de fièvre périodique allait disparaître vers l'âge de dix ans, ou s'il en souffrirait toute sa vie. J'étais en colère parce que je ne pouvais pas l'aider, agir sur son problème et le faire disparaître. J'étais en colère parce que, chaque fois que nous sortions, je craignais que l'une de ses crises ne le frappent, et que, étant malade la plupart du temps, les cris et les pleurs étaient devenus une habitude et, hélas, sa façon de communiquer, avec ou sans fièvre.

Et j'étais en colère parce que je n'avais pas accepté cette nouvelle donne. Je ne voulais pas accepter que la maladie puisse être à long terme. Je ne voulais pas accepter les crises. Je ne voulais pas accepter que tous les meilleurs conseils du monde ne parviennent pas à arrêter ces crises. Je ne voulais pas accepter de sortir en public et risquer la remise en question de mon rôle en tant que parent, et du comportement de mon fils. Je ne voulais pas accepter que ce qui était probablement un petit retard dans l'acquisition du langage avait été aggravé par ces fièvres, ce qui signifiait que nous avions non seulement du mal à comprendre ses besoins quand il était malade, mais que nous avions également du mal à le comprendre quand il allait bien. Et je ne voulais pas accepter de ne pas entendre les mots « Maman, je t'aime. »

Non, je refusais d'accepter la situation. Alors j'ai nourri mes sentiments de frustration et de tristesse, j'ai perdu le sens d'être un parent, je suis devenu de plus en plus impatiente et rustre, non seulement avec Andrew mais avec tous ceux qui croisaient mon chemin au cours d'une de ces fièvres.

Dix mois plus tard, « paf ! » elles ont disparu, comme ça. J'ai bien sûr pensé (ou plutôt désespérément souhaité) que, parce qu'elles étaient parties « comme ça », il allait apprendre à parler, ses crises allaient s'arrêter et mon stress allait s'estomper.

Peine perdue.

Passer une bonne partie de l'année avec une gorge douloureuse qui lui faisait mal s'il essayait de parler n'avait pas vraiment motivé Andrew pour le langage. Cela l'avait juste motivé pour crier, et, par ricochet, motivé moi pour crier, trop fort.

Peu de temps après la fin des fièvres, alors que les cris s'intensifiaient, je me suis surprise à me retrouver blottie dans un coin, en train de pleurer, presque hystérique. Je ne supportais plus les crises. Je ne supportais plus qu'il me jette son assiette à la figure parce qu'il était incapable de formuler son désir. Je ne supportais plus de le voir se cogner la tête contre le mur parce qu'il ne pouvait pas parler. **Hystérique, j'ai pleuré parce que je ne supportais plus de ressentir une colère si forte envers mon propre fils qu'elle me donnait envie de lui hurler dessus.**

J'ai fini par m'arracher du mur.

Je suis entrée dans la cuisine, j'ai saisi le téléphone et enfin accepté que je ne pouvais pas faire face toute seule. J'ai composé le numéro de l'orthophoniste, celui que j'avais depuis des semaines, mais que je refusais d'appeler parce que je refusais d'accepter que mon fils ait un problème contre lequel je ne pouvais rien.

Heureusement pour nous, Rachelle, l'orthophoniste, est venue au secours d'Andrew. Elle l'aimait beaucoup, a travaillé avec lui et a obtenu de lui qu'il prononce ses premiers mots. Et laissez-moi vous dire que le jour où, enfin, il a dit « Maman, je t'aime » mon cœur a fondu littéralement. Et le jour où il m'a dit « Maman, Rhino Orange »… Eh bien, ce jour-là, j'ai pleuré de joie. Non seulement, il prononçait vraiment des mots, mais il était également capable de comprendre des concepts et de les exprimer. Ce fut un voyage long et souvent pénible d'attendre qu'Andrew parle et s'exprime. Il progresse et continue de travailler avec Rachelle. Et moi, je progresse et continue de travailler pour être plus patiente avec lui lorsqu'il hurle.

Chaque jour, je m'emploie à me souvenir d'accepter la situation, d'accepter que je ne peux pas faire disparaître son retard de langage, ni cette année de crises, d'accepter que ce problème existe.

Chaque jour, je m'emploie à accepter qu'Andrew s'efforce de communiquer, qu'il n'est pas en train de crier parce qu'il cherche à m'énerver, mais parce que cela a été son habitude pendant longtemps et qu'il faudra beaucoup de temps pour la changer.

Chaque jour, je m'emploie à accepter qu'Andrew peut hurler en public, crier plus longtemps et plus fort que prévu, et que, dans de telles situations, il me sera difficile d'être

Alors chaque jour,
je me rappelle de lâcher prise
en acceptant la situation,
en acceptant Andrew
et sa voix forte, en acceptant
que les choses soient plus
difficiles que prévu.

efficace, en entendant les moqueries ou les critiques des spectateurs.

Chaque jour, j'essaie d'embrasser la citation de l'auteur américain Robert Elias « *Si tu ne peux ni lutter ni fuir, alors lâche prise.* »

Je ne veux pas lutter contre mon fils quand il a du mal et je ne veux certainement pas le fuir. Je l'aime.

Quand j'admets – quand j'accepte vraiment la réalité – alors il m'est bien plus facile de ne pas crier contre mon petit garçon. Parce que, ces jours-là, je ne traîne pas une valise de colère. Ma valise est pleine d'amour inconditionnel, d'empathie, et de confiance : nous essayons tous les deux de faire de notre mieux compte-tenu des circonstances ; et c'est ce qui compte vraiment.

Jour 13 : prises de conscience, actions et conseils

Les prises de conscience du Rhino Orange

- Je génère beaucoup d'énergie négative en essayant de changer les choses que je ne peux pas changer ; toute cette énergie négative s'accumule et m'énerve au point où je ne suis plus là, avec mes enfants, et où une broutille peut suffire à déclencher un cri.
- Apprendre à accepter les choses que je ne peux pas changer est difficile, mais quand je le fais, la vie devient facile et l'énergie est plus positive. Quand j'accepte que certaines situations sont impossibles, mon envie de crier s'estompe et mes relations avec les autres s'embellissent.

Les actions du jour

- **Acceptez les situations impossibles.** Reprenez le facteur immuable sur lequel vous avez travaillé hier. Approfondissez votre acceptation en déclarant plusieurs fois « Je ne peux pas changer (cette situation) mais je peux changer, moi. » Dites-le un millier de fois s'il le faut ! Écrivez-le sur un post-it que vous collerez dans votre tiroir à chaussettes pour vous en souvenir dès le matin.
- **Écrivez deux ou trois façons de changer instantanément d'attitude lorsque l'événement se produit.** Exemple : vous souvenir des belles choses associées à la personne/au problème que vous rencontrez, pratiquer la gratitude, appeler un ami.
- **Criez, laissez sortir la frustration, la tristesse et la déception si vous en éprouvez le besoin** (je l'ai fait et le fais encore parfois). Laissez tout cela s'exprimer. Ne l'intériorisez pas… car la colère pourrait vous pousser à hurler ! Parfois, il est nécessaire d'exprimer son émotion pour prendre du recul. Autorisez-vous à éprouver ce qui vient mais que vous aviez peur jusqu'à maintenant de reconnaître.

Je sais que ces actions sont difficiles à avaler ! Je sais aussi, grâce à mon blog, que tout le monde a au moins un, et parfois deux éléments déclencheurs qu'ils aimeraient atténuer ou au moins apprendre à contrôler mais qu'ils ne le peuvent pas. C'est vrai, il y a des choses que nous ne pouvons pas contrôler, et c'est frustrant. Acceptez-le – mais rappelez-vous que vous pouvez contrôler votre réaction – et ces situations impossibles vous sembleront plus petites.

> « **Donnez-moi la sérénité**
> d'accepter les choses que je ne peux changer,
> le courage de changer celles qui peuvent l'être,
> et la sagesse de faire la différence. »
>
> —Reinhold Niebuhr

Les conseils du jour :

C'EST COOL	Sortez une belle photo de famille de votre album. Les jolis souvenirs embarquent à nouveau tout le monde dans le bonheur.
C'EST CHAUD	Utilisez le langage des signes. Mes enfants adorent que j'utilise mon code secret et silencieux quand je leur demande quelque chose. C'est plus audible qu'un cri !
	Dites-vous « Eh, ça pourrait être pire » pour prendre du recul et gagner en gratitude.
C'EST BOUILLANT	Posez votre doigt sur la bouche comme pour dire chut ; il s'agit d'une barrière physique au cri.

Lorsque je suis contrariée, faire le symbole « Je t'aime » m'aide à me focaliser sur une pensée heureuse pour que les pensées (et les comportements !) négatifs partent en balade.

Jour 14

S'ouvrir au pardon : je pense, donc je crie

OK, donc, euh, ce chapitre était jusqu'à présent assez lourd et plutôt profond, non ? J'espère que cette petite histoire va alléger un peu les choses et vous faire sourire. Eh oui, je m'attends à ce que vous vous moquiez de moi ; mais je suis prête.

Au début du Défi Rhino Orange, alors que je traquais mes éléments déclencheurs, j'ai découvert que j'avais envie de crier plus rapidement que d'habitude si mon esprit était préoccupé à décortiquer un problème ce qui, à en croire mon tableau de bord, arrivait, euh, fréquemment. Très fréquemment.

Si les choses ne se passaient pas comme prévu, une fête d'anniversaire par exemple, des vacances, une soirée en amoureux, une sortie en famille, je ruminais sur ce qui était gâché, sur ce qui aurait pu être mieux.

Si j'avais eu une conversation difficile avec ma mère ou une interaction bouleversante avec mon fils, je ruminais sur ce qui s'était passé, sur ce que j'aurais pu ou dû faire, sur ce qui m'avait heurté, moi.

Si je n'avais pas fait tout ce que j'avais espéré faire dans la journée ou si je n'avais pas terminé correctement quelque chose, en particulier un article de mon blog, je ruminais sur mon incompétence.

Oui, j'étais la reine de la rumination ! Évidemment, ce n'était pas nouveau. J'avais toujours eu tendance à ruminer. Je n'avais simplement pas réalisé (mais qui veut réaliser ?) que ma tendance à ruminer avait généré ma tendance à crier, non, non ! Si quelque chose de négatif m'arrivait, une réaction en chaîne débutait et je pensais et repensais au problème jusqu'à ce que mes petits sentiments de frustration, de malaise, d'ennui, de confusion ou de déception deviennent si grands et omniprésents (ou omnipotents ?) qu'alors si par malheur un enfant avait besoin de moi, se lançait dans un combat avec son frère, ou interrompait ma montagne vertigineuse de pensées négatives, GRRR ! Eh oui, la rumination me faisait charger avec des mots.

Après cette nouvelle prise de conscience, j'ai fait comme d'habitude depuis le début du défi : j'ai commencé à réfléchir (OK, à ruminer) sur la façon dont je pouvais gérer cet élément déclencheur. Je n'en avais aucune idée ; j'avais été une pro de la rumination depuis des années et je ne savais pas comment être autrement. Par hasard, le lendemain, alors que j'étais assise dans une salle d'attente, je suis tombée sur l'article d'un magazine dont le sujet était les mauvaises habitudes. Parce que j'essayais de lutter contre la mauvaise habitude de crier, j'ai attrapé vivement le magazine et, impatiente, j'ai commencé à lire l'article. La première habitude abordée était la rumination. Ma première pensée ? « *Mais c'est quoi au juste la rumination ?* »

Ma seconde pensée après avoir lu l'introduction du paragraphe : « *Eh, m**de. Il y a un terme scientifique pour mon problème. Je suis une Ruminator.* »
Et ma troisième pensée, parce que mon cerveau fait toujours les plus étranges, les plus absurdes associations, surtout avec des mots stupides : « *Je suis le Sherminator... Tu es sur ma liste pour une Shermination.* »
Eh oui, alors que j'étais en train de lire un article sérieux, plein de bons conseils pour m'aider à arrêter de ruminer, mon esprit s'était égaré, avait commencé à réfléchir, puis pensé à Sherman du film *American Pie* et à sa façon de prétendre être le « Sherminator », au lieu du « Terminator », pour draguer les filles.

Il s'agissait de me pardonner à moi-même encore et encore et encore de crier, parce que sans ce pardon, je ne pouvais pas avancer. Les sentiments douloureux qui suivaient les hurlements me donnaient envie de crier encore et encore et encore.

Alors que l'affirmation de Sherman ne l'a jamais aidé à draguer les filles, elle m'a beaucoup aidée, moi, à arrêter de ruminer et donc à arrêter de crier. Chaque fois que je me surprends à ruminer, je me dis : « *Je suis le Ruminator... Un problème a été choisi pour la Rumination.* »
Et puis, je ris. Parce que chaque fois que je pense à cette phrase et donc à Sherman, je ne peux m'empêcher de la prononcer avec la voix de Sherminator ! Mon rire me rappelle que je ne tiens pas vraiment à ruminer, que cela pourrait déclencher en moi l'envie de crier, et que j'ai besoin de lâcher prise ; en d'autres termes, que je dois arrêter d'être un Ruminator pour devenir... attendez, attendez... oui, un Terminator ! Ah, je suis si pertinente ! J'espère que vous souriez en lisant ces lignes et que vous vous apprêtez à répéter avec moi cette phrase d'une voix de Terminator super cool : « Je suis Terminator... La rumination a été choisie pour se terminer ! »

Pourtant, sérieusement, pour arrêter de crier, je devais commencer par dire au revoir au Ruminator et bonjour au Terminator. Je devais me forcer à arrêter de penser au problème qui me démoralisait parce qu'y penser envenimait le problème. Tourner en boucle me sapait le moral et, par conséquent, me déstabilisait face à mes enfants. Il ne s'agissait pas seulement de ne plus ruminer sur mes interactions négatives avec les autres. Oh que non. Il s'agissait également de lâcher prise et de ne plus ruminer sur mes interactions négatives avec moi-même.
Il s'agissait de ne plus de me critiquer encore et encore de ne pas être assez mince.
Il s'agissait de ne plus me dire encore et encore que j'étais une mauvaise maman.
Il s'agissait de ne plus me rabaisser encore et encore à la moindre erreur, au moindre échec.

Il s'agissait avant tout de me pardonner à moi-même de crier et il m'a fallu plusieurs essais pour réussir le Défi Rhino Orange. J'ai résisté 8 jours à la première tentative. Et puis j'ai crié. Et puis, j'ai ruminé sur mon erreur. Et ruminé. Et ruminé. Je sais maintenant que ruminer me poussait à crier, m'empêchait de poursuivre mon but. C. S. Lewis a parfaitement décrit mon problème : « Traverser une expérience douloureuse, c'est comme traverser un pont de singe. Il faut lâcher prise à un moment pour aller de l'avant. » Seulement, je n'arrivais pas à lâcher mes « erreurs » (vous savez, celles qui sont humaines !) ou mes déceptions. Je continuais à les penser et les repenser – et pas de façon positive, pas en me disant « Comment puis-je réparer la situation et agir pour avancer ? », mais en pensant « Je suis super nulle ».
Inutile de le dire, plus je ruminais, plus il était difficile de mettre un terme à mes ruminations. Je devais accepter d'être simplement humaine et de commettre des erreurs comme le fait de crier trop fort. Donc j'ai accepté.

Le jour où j'ai échoué au défi a aussi été le jour où j'ai été enfin capable d'admettre que je faisais beaucoup d'efforts pour réussir. Ce jour-là, au lieu de m'attarder sur mes fautes, je me suis félicitée d'avoir tenu 8 jours sans crier, d'être sur la bonne voie. Ce jour-là, j'ai enfin cessé de ruminer sur « le cri qui avait brisé mon élan » et je me suis pardonnée à moi-même. Et ce jour-là s'avéra le premier jour de la réussite de mon défi, les 365 jours sans un cri.

> “ **Personne ne doit oublier trop tôt** ses erreurs et ses délits ; mais s'y attarder trop longtemps envenime la faute. ”
>
> —Henry David Thoreau

Jour 14 : prises de conscience, actions et conseils

Les prises de conscience du Rhino Orange

- « J'aurais dû » sont des mots dangereux ; ils favorisent la rumination et donc les hurlements. « La prochaine fois, je devrais » est bien plus positif.
- La rumination, comme les hurlements, envenime le problème.
- **Me focaliser sur les aspects négatifs de la vie rend difficile la possibilité de voir le côté positif des gens, et surtout des enfants. Quand je regarde négatif, je parle négatif.**
- Je pardonne facilement aux autres leurs erreurs mais je ne me pardonne pas les miennes, or je dois le faire.

Les actions du jour

- **Entraînez-vous au pardon.** Pardonnez-vous d'avoir crié par le passé. Dites haut et fort – oui, parce que vous le diriez haut et fort à un ami – « Je me pardonne d'avoir crié par le passé. Les erreurs arrivent. Je suis humaine. »
- **Lâchez prise sur les situations impossibles si ce n'est pas encore le cas.** Pour moi, il s'agissait de ne plus me concentrer sur elles, mais de me concentrer sur mon comportement et mes réactions. Si je ressens le besoin d'exprimer un désagrément, je le fait pour éviter que la tension monte. Aujourd'hui, j'essaye de diminuer le temps alloué aux pensées négatives. Je m'efforce de mettre l'accent sur des solutions et des pensées positives.

Les conseils du jour :

C'EST COOL	Soufflez des bulles de savon ; cela me rappelle mon enfance, quand je m'inquiétais moins et savais lâcher prise, profiter. (Cela aide aussi à ralentir vos rythmes respiratoire et cardiaque !)
C'EST CHAUD	Si quelqu'un peut prendre le relais, partez. Laissez tomber le contrôle et demandez de l'aide. Si vous n'avez personne sous la main, jouez à chat avec vos enfants. L'exercice vous fera du bien.
C'EST BOUILLANT	Secouez votre corps, les bras et les jambes – vous savez, un peu comme font les enfants. Remuez le stress et les cris pour qu'ils s'en aillent.

Cher Rhino Orange en devenir,

Je voulais juste prendre le temps de vous écrire un mot d'encouragement parce que je sais que le voyage pour arrêter de crier est difficile! Je sais qu'il est tentant de baisser les bras, surtout si le changement tarde à venir. Oh, je sais cela! Mais s'il vous plaît, n'abandonnez pas, ni vous, ni le voyage, ni le processus. Vous pouvez le faire. Le simple fait que vous ayez lu tous ces chapitres prouve combien vous êtes déterminée à changer. Accrochez-vous à cette décision, laissez-la, avec l'amour de vos enfants, vous conduire au changement. Cela se produira. Peut-être pas aussi vite que vous le souhaitez, mais cela se produira. Chaque fois que vous vous sentez bloquée dans votre progression, pensez à la citation que j'ai découverte un jour pendant mon parcours et qui m'a incitée à avancer :

«La victoire ne se compte pas en kilomètres mais en centimètres. Gagnez un peu aujourd'hui, tenez debout, et plus tard, gagnez un peu plus.» - Louis L'Amour

Avant de continuer votre lecture, s'il vous plaît, rappelez-vous ces quatre choses vraiment importantes :

- Si vous criez, cela ne signifie pas que vous échouez, cela signifie que vous récoltez une nouvelle information quant à ce qui ne fonctionne pas.
- Vous n'êtes pas nulle, vous faites quotidiennement des efforts pour vous améliorer.
- Vous faites mieux que vous ne le supposez - prendre conscience de la nécessité de changer puis essayer est un grand pas, un grand pas en avant.
- Vous êtes une personne et un parent formidable, vous êtes présent chaque jour et faites de votre mieux.

Je pense à vous et vous envoie toute mon énergie pour poursuivre votre chemin.

Le Rhino Orange

4

Se préparer à relever le défi

« **L'une des clés du succès** est la confiance en soi. L'une des clés de la confiance en soi est la préparation. »

—Arthur Ashe

Vous savez déjà qu'il m'a fallu plusieurs essais pour tenir 365 jours consécutifs sans crier. Vous savez aussi que l'une des clés du succès est de se pardonner ses erreurs. L'autre clé ? Le 7 février 2012, au premier matin de ma réussite, je me suis réveillée et n'ai plus douté de moi-même. Avant, lorsque je me lançais dans le défi, je tenais grâce à l'adrénaline et au désir de prouver à tous ceux qui doutaient de moi qu'ils se trompaient. Mais ces sentiments sont passagers et beaucoup d'entre eux ont disparu quand, après huit jours, j'ai finalement crié. Tout à coup, j'ai douté de moi. Or, ce doute, associé à l'incapacité de me pardonner mon « erreur » m'ont empêchée de réussir. Mais ce matin de février je me souviens très bien avoir éprouvé au fond de moi une grande confiance, grâce à toutes ces précédentes journées de préparation.

Dans les bons jours, j'avais appris ce qui fonctionnait pour garder mon calme, ce dont j'avais besoin pour garder mon calme et comment je devais garder mon calme. Et dans les mauvais jours, j'avais appris ce qui ne fonctionnait pas ! Avec cette nouvelle prise de conscience, je me suis sentie prête à surmonter tous les obstacles parce que je savais que j'avais les outils et l'expérience pour y parvenir. La citation du grand joueur de tennis Arthur Ashe est à-propos, c'est pourquoi je suggère qu'avant de relever officiellement le défi, vous passiez les trois prochains jours à faire des « préparatifs » pour booster votre confiance et mettre en place votre réussite.

Jour 15

Choisir un objectif personnel : si, si, je peux tenir jusqu'à 9h05...

On ne peut pas dire ça autrement : chaque matin d'école était (et parfois est encore) un cauchemar absolu. Comme je l'ai avoué plus tôt, je ne suis pas du matin. Deux heures me sont nécessaires pour me réveiller et être d'attaque, ce qui est deux heures de trop. Même après une bonne nuit, j'ai encore du mal à être bien lunée le matin. Donc, je suis irritable. Méchamment irritable. Et oui, vous l'avez deviné : il m'est très difficile de rester calme et posée pendant la course qui consiste à préparer le petit déjeuner, les cartables et obtenir de mes petits mecs qu'ils sortent de la maison, la vessie vide et deux chaussures à leurs pieds, tout en essayant de maintenir la paix entre eux puisque pendant la nuit ils ont oublié comment jouer gentiment. Je veux dire, vraiment, je vous jure que chaque matin je dois réapprendre à mes garçons les rudiments de l'humanité ! Bon, OK, pas tous les matins, c'est faux ; juste quatre matinées par semaine.

Un matin tout à fait horrible, absolument horrible, incroyablement difficile, mon mari qui était parti très tôt ce matin-là m'a appelée et, très innocemment, m'a demandé : « Eh, comment ça se passe ? » **J'ai éclaté en sanglots et crié : « Je n'y arrive pas ! Je n'en peux plus. Je déteste tous ces matins ! C'est trop dur ! Je vais craquer dans deux minutes ! Oublie le défi ! J'arrête tout ! »**

Soutien indéfectible quand je suis au bord de la crise de nerfs, il m'a dit :

« Quelle heure est-il ? »

J'ai aboyé, « Que veux-tu dire ? C'est stupide. Il est 8h27 ici. Tout comme dans ton bureau. »

« D'accord. Il est 8h27. Quand partez-vous pour l'école ? »

« 8h50. »

« Bon. Et tu déposes combien d'enfants ? »

« Trois. Tu le sais bien. Pourquoi tu me poses toutes ces questions ? »

« Et à quelle heure rentres-tu pour la sieste de Mac ? »

« 9h05. »

« OK. Donc, tout ce que tu dois faire est tenir jusqu'à 8h50. Ça fait 23 minutes. Tu peux le faire. D'ici 23 minutes, les enfants seront attachés et dans l'impossibilité de se chamailler. »

« Mmm. » J'ai pleuré, en essuyant mon nez et le reste du petit-déjeuner sur ma jambe.

« Après, il te suffit de tenir jusqu'à 9h05, l'heure où Mac va se rendormir. Ça fait seulement 15 minutes de plus. Ensuite, tu auras deux heures devant toi pour te réveiller tranquillement et redémarrer la journée sur une note plus gaie. »

« Mmm. »

« 23 minutes, chérie. Puis 15. Tu peux le faire. Tu vas le faire. »

Il avait raison. Je pouvais le faire. C'était un objectif raisonnable. Je pouvais le faire pendant seulement 23 minutes et ensuite seulement 15 minutes. Je me répétais en boucle que je n'avais qu'à tenir jusqu'à 9h05. Je n'avais pas besoin de tenir toute la journée. Je n'avais pas besoin de me contrôler pendant 10 heures et 33 minutes. J'avais juste besoin de me concentrer sur le fait de ne pas crier pendant 38 minutes. Trente-huit minutes. Je pouvais faire cela. C'était un objectif plus facile à gérer et plus motivant que 10 heures et 33 minutes !

Eh bien, devinez quoi, j'ai tenu ! Je n'ai pas crié... ou presque. À la minute où la porte de la voiture s'est refermée et où mon dernier est entré dans l'école, j'ai hurlé un « Ouf ! » si enthousiaste que le professeur s'est retourné pour voir si tout allait bien. Oups ! Bien sûr que tout allait bien, et même mieux que bien ! J'avais survécu à un matin d'enfer sans crier et j'étais plutôt fière ! J'avais été à deux doigts de dire « *M'en fiche, ce n'est pas grave si je crie* » mais j'avais pris sur moi pour me contenir. Je suis rentrée à la maison, ai mis Monsieur Mac dans son lit et ai fêté ça en profitant du calme, en buvant ma tasse de café froid que je n'avais jamais réussi à boire ce matin-là. (Note : ai-je déjà bu une tasse de café chaud depuis que j'ai des enfants ?! Une qui n'ait pas été réchauffée 5 ou 6 fois au micro-ondes ?! Euh, non.)

Le reste de la journée s'est étonnamment bien passé, au vu de son début délicat. En fait, tout s'est si bien déroulé que je ne me souviens pas avoir appelé mon mari en larmes ou vouloir abandonné depuis. Ce dont je me souviens, en revanche, c'est des deux conclusions fondamentales auxquelles je suis parvenue ce soir-là, avachie sur mon canapé, savourant le calme et la paix de la maison (avec une tasse de décaféiné chaud) et le fait d'avoir passé une nouvelle journée entière sans crier. Confortablement installée, sans personne pour m'interrompre et aucune pensée négative sur laquelle ruminer, je me demandais comment diable j'avais tenu toute la journée sans crier. Bien sûr, je savais que mon mari m'avait aidée, mais j'essayais de savoir si autre chose, quelle qu'elle soit, m'avait permis de me contenir afin de pouvoir compter sur un nouveau pouvoir magique dès le lendemain matin.
Voilà ce que j'ai réalisé presque immédiatement : je n'avais aucun pouvoir magique. Ce fut une grande déception; il aurait été sympa d'avoir des pouvoirs magiques pour arrêter de crier. Cela m'aurait GRANDEMENT facilité la vie. Mais, cela dit, j'ai récupéré un peu de pouvoir en comprenant deux choses.
Premièrement : les jours où je reste assez calme pour tenir jusqu'à 9h05 sans crier, et que les enfants partent à l'école avec de l'amour dans le cœur (et l'esprit) et non de la colère ou autres mauvais sentiments, ces jours-là se passent bien. Commencer la journée sur une bonne note est profitable pour tous. Cela favorise ma confiance en moi et comble les garçons de bonheur, ce qui, je crois, les incite à coopérer, ce qui, du coup, m'aide à moins crier.
Deuxièmement : me concentrer uniquement sur le fait de ne pas hurler jusqu'à 9h05, et non 19h, rend le défi beaucoup plus facile. Je savais que mon objectif de tenir 365 jours sans crier m'offrait un large point de vue et un objectif tangible, donc motivant. Cependant, je ne vais pas mentir, parfois il semblait intimidant. C'est compréhensible, non ?! Multipliez 365 jours par 14 heures – eh bien, ça fait beaucoup d'heures sans crier. Mais multipliez 365 jours par les trois heures avant l'école – voilà, c'est beaucoup plus faisable.

Bien sûr, mon but à long terme était de tenir 365 jours, mais j'y ai inséré des objectifs plus petits. Survivre au petit déjeuner. Survivre aux préparatifs pour l'école. Survivre à l'hyperactivité du retour à la maison. Survivre aux devoirs. Survivre au dîner. Survivre au bain.

Le lendemain, grâce à ces deux nouveaux éclairages, j'ai commencé à découper ma journée en petits morceaux. Avoir de petits objectifs pour m'aider à atteindre le grand objectif changeait la pensée écrasante « *Argh ! Il faut que je survive à toute cette journée.* » en « *Bon, je dois juste survivre à cet événement.* » Et en adoptant cette technique, j'ai facilement et naturellement commencé à dire « *Incroyable, j'ai survécu à toute cette journée !* »

Quelques jours plus tard, mon mari m'a demandé comment se passaient les matins. Étant un peu têtue, je ne voulais pas lui avouer que son conseil « 9h05 » avait été une véritable révolution. Vous voyez, je ne voulais pas lui dire qu'il avait raison.

Je vous ai déjà dit que j'étais têtue ?! Donc j'ai répondu « Les matins se passent beaucoup mieux. Tes conseils m'ont fait penser à ma citation préférée d'Herb Kelleher dont je parle tout le temps : « Vois petit et fais petit, nous grandirons ; vois grand et fais grand, nous deviendrons petits. » Je voyais trop grand alors je ne voyais plus – me concentrer pour tenir toute la journée sans crier. Mais j'ai commencé à me focaliser sur un petit moment à la fois et c'est devenu plus facile. Et puis, les petits moments grandissent, s'additionnent et finissent par être une journée entière. »

« Oh, tu veux dire que mon conseil « 9h05 » était bon. »

« Ouais, je suppose. »

« Donc, j'avais raison ? », a-t-il demandé, satisfait.

« Oui, chéri, tu avais raison », lui ai-je répondu avec gratitude.

Même si une toute, toute petite partie de moi n'aimait pas qu'il ait raison, au fond de moi, je ressentais une immense gratitude. J'étais reconnaissante de ses conseils, de les avoir écoutés. J'étais reconnaissante d'avoir compris qu'il fallait procéder par étapes, non seulement dans la matinée, mais tout au long de la journée. J'étais reconnaissante de savoir que réussir un petit objectif était une victoire parce que toutes ces victoires me **permettraient d'atteindre le but ultime. Et j'étais reconnaissante de ne pas être seule face à ce défi, d'avoir mon mari à mes côtés, un homme qui me soutenait et m'aidait à atteindre mon objectif.**

Jour 15 : prises de conscience, actions et conseils

Les prises de conscience du Rhino Orange

- Les objectifs, qu'ils soient petits ou grands, m'ont gardée sur le bon chemin.
- Atteindre de minuscules buts tout au long de la journée m'a donné assez de confiance pour tenir jusqu'au soir.
- Mon objectif ultime m'a donné la motivation et l'enthousiasme nécessaires pour avancer jour après jour.

Les actions du jour

- **Choisissez un objectif personnel important.** À l'aide de votre tableau de bord et, en vous appuyant sur vos sentiments quant à ce voyage, choisissez un but qui est le reflet de vos mauvaises habitudes, qui vous semble spectaculaire, voire qui vous fait un peu peur, puis modélisez-le comme on apprend à modéliser un objectif à l'université (un modèle confirmé par Wikipedia parce que je l'avais un peu oublié). Un objectif se doit d'être SMART :
    - **Spécifique :** détaillez-le autant que possible.
    - **Mesurable :** utilisez des critères concrets pour mesurer facilement vos progrès.
    - **Approprié :** je sais déjà que votre objectif est aussi approprié que pertinent puisque vous aimez vos enfants ; ce côté-là est déjà trouvé, bien joué !
    - **Réaliste :** choisissez un but qui soit assez difficile pour vous faire travailler et dépasser votre zone de confort, mais un but réaliste à la hauteur de vos moyens.
    - **Temporellement défini :** définissez le temps que vous vous accordez pour parvenir à votre objectif (par exemple, deux semaines, trois mois).
- **Divisez votre objectif en plusieurs petites étapes.**
    - **Choisissez un petit objectif pour bien commencer votre voyage et renforcer votre confiance.** (J'ai raté cette étape et cela m'a valu beaucoup de stress pour rien !) Une suggestion plébiscitée par la communauté du Rhino Orange est de choisir cinq de vos éléments déclencheurs « préférés », simples et gérables. Concentrez-vous sur un seul et essayez de le gérer toute la semaine. Lorsqu'il est sous contrôle, rayez-le de la liste et passez au suivant, et ainsi de suite. Lorsque tous les cinq sont sous contrôle, optez pour le grand but.
    - **Réfléchissez à de minuscules objectifs pour parvenir aux petits objectifs** (par exemple, le conseil « 9h05 »). Jetez un œil à votre tableau de bord pour avoir des idées.

- **Exemples d'objectifs fixés par des Rhinos Orange :**
  - Tenir 30 jours sans crier (petit objectif : 1 semaine).
  - Tenir 3 mois sans crier (petit objectif : pendant 1 mois, ne crier qu'une fois dans la journée au lieu de 12 auparavant).
  - Tenir plus de 8 semaines en commençant par 1 semaine sans crier, puis 2 semaines, 4, 8, etc.
  - Tenir 365 jours sans crier (petit objectif : 10 jours, puis 100 jours).
- **Décidez de la façon dont vous allez mesurer votre progression.** Constater vos petits succès appelle plus de succès et vous rappelle que vous pouvez le faire, parce que vous l'avez fait. Peu importe votre but, soyez créatif et assurez-vous de placer votre « compteur de progression » dans un endroit très visible. Chaque fois que vous réussissez une étape, vous pouvez :
  - Dessiner ou coller un cœur orange, un autocollant ou un smiley sur un calendrier.
  - Commencer une collection de petits objets orange, comme un M & M, une bille ou une perle dans une boîte transparente.
  - Mettre 1 euro (ou plus !) dans une tirelire pour vous offrir une récompense à la fin.
  - Écrire « Jour 1, bien joué ! » sur un post-it orange.
- **Notez votre objectif sur un papier et parlez-en avec votre réseau de soutien.** Je vous encourage à l'écrire vraiment ; ne vous contentez pas de l'imprimer !

N'oubliez pas, c'est votre objectif, et vous seule savez de quoi vous avez besoin pour vous motiver ; vous seule vous connaissez et savez si un objectif « tout ou rien », par exemple les 365 jours d'affilée, vous dynamise ou vous submerge. Si votre but semble effrayant ou peu passionnant, ce n'est probablement pas le bon. S'il paraît trop facile, tâchez de viser plus haut. N'oubliez pas, comme le dit le conférencier de la motivation Les Brown, « Visez la lune et si vous la manquez, vous atterrirez toujours dans les étoiles. » Je suis sérieuse. Même si votre but est trop élevé, que peut-il arriver de pire ? Vous crierez déjà moins qu'avant. Et c'est une victoire !

> **“ Toute personne qui choisit un but** qu'elle peut définitivement atteindre a déjà déterminé ses propres limites. ”
>
> —Cavett Robert

Les conseils du jour :

C'EST COOL	Changez vos mots de passe pour vous rappeler votre objectif (par exemple, jecriemoins)
C'EST CHAUD	Avant de crier, dites-vous « Attends. Où est ton SMART ? »
C'EST BOUILLANT	Courrez sur place avec la ferme intention de vous débarrasser de toute envie de lutte ou de fuite.

Jour 16

Créer des mantras positifs :
le cercle vicieux – euh, non, *victorieux*...

J'aime jouer avec mes enfants. Si c'est pour jouer à Uno, Puissance 4, aux 7 familles ou aux petits chevaux, je peux m'asseoir et jouer tout l'après-midi, comme je le faisais quand j'étais gosse. Il n'y a qu'un seul jeu que je ne supporte pas. Ce n'est pas un jeu de plateau, ni un jeu de cartes, ce n'est d'ailleurs pas un jeu auquel je jouais, enfant. Non. C'est un jeu que mon fils et moi avons inventé. Malheureusement, même si je déteste y jouer, et qu'il le déteste aussi, nous y jouons beaucoup. Et nous avons vraiment du mal à nous arrêter, ce qui est une honte, parce que c'est pour moi un énorme élément déclencheur.

Le nom du jeu ? Je l'ai appelé affectueusement « Le cercle vicieux ». Et j'y joue, non pas avec l'un de mes fils, mais avec tous mes fils et, parfois, avec mon mari.

Voici les règles du jeu.

Mon fils et moi devons être de mauvaise humeur en même temps. Une fois que nous sommes tous les deux suffisamment stressés et anxieux, parfois pour les mêmes raisons, parfois non, nous nous montrons impatients, grossiers, franchement agaçants l'un vis-à-vis de l'autre. Mon fils commence : il crie plus, pleure plus, écoute moins et sourit moins. À mon tour : je réprimande plus, je crie plus, j'écoute moins, je m'intéresse moins et je souris moins. Son comportement m'oblige à surréagir, et quand je surréagis, il surréagit, donc je surréagis davantage et ainsi de suite. C'est un cercle vicieux, vraiment VICIEUX. L'objectif est de voir combien de temps nous pouvons tenir avant que l'un de nous soit si mauvais que l'autre abandonne et recommence à être assez gentil pour briser le cercle.

C'est un jeu génial, non ? Pouah. C'est nul et c'est ultra pénible car c'est épuisant, physiquement et mentalement. Pourquoi on ne se serre pas les coudes ? Pourquoi on ne s'est pas serré les coudes hier ? Bon sang, je n'ai pas dormi de la nuit parce que j'étais stressée. Bon sang, il n'a pas dormi non plus parce qu'il était énervé. Bon sang, maintenant nous sommes tous les deux fatigués, débordés et pointilleux, finalement fin prêts pour reprendre le jeu là où nous l'avions laissé, mais avec encore plus de hargne.

Au début du cercle vicieux, j'ai essayé de rester calme, patiente, aimante et compréhensive pour nous empêcher d'entrer dans la spirale infernale. J'ai essayé de ne pas prendre pour moi les réactions de mon fils ; j'ai essayé de l'aider mais je n'y parvenais pas. Mon problème ? Mon stress décuple quand je suis incapable de lui donner ce dont il a besoin : du calme, de la patience, de l'amour et de la compréhension.

Un jour, au cours du Défi Rhino Orange, nous étions absorbés par un jeu génial ; génial dans le sens où il a duré près de deux semaines, génial parce que j'y ai finalement mis un terme et génial parce que j'en ai tiré des leçons. J'ai écrit sur mon blog :

J'étais vraiment à deux doigts de craquer et de lui crier dessus. Il s'en est fallu de peu. J'avais eu ma dose de cris et de méchanceté. J'avais eu ma dose de ce sentiment de solitude, comme si j'étais la seule à avoir un enfant comme ça. J'avais eu ma dose de TOUT. J'avais eu ma dose de stress. J'avais eu ma dose de lui. J'en avais assez d'être patiente. J'en avais assez d'être un Rhino Orange. Et je suis partie poster ma frustration en ligne sur la page Facebook du Rhino Orange pour ne pas crier contre lui. Et puis, j'ai vu mon logo et je me suis souvenu de ma promesse, celle faite à mes enfants de les aimer, celle faite à moi-même de ne plus crier. J'ai arrêté de taper, l'ai regardé et ai dit :

« Quel est le problème ? Pourquoi es-tu si en colère ? Pourquoi me lances-tu ces coussins ? »

Mon fils a éclaté en sanglots.

« J'ai peur d'avoir un accident de voiture encore. Je ne suis pas content que Papa travaille beaucoup. Et je suis en colère parce que la baby-sitter est partie. Pourquoi elle m'aime plus ? »

Aïe. Mon fils éprouvait tant de douleur, et j'en éprouvais autant, que je n'avais pas été capable de lui tendre la main, de le comprendre, de l'aimer. Double aïe. Je l'ai pris dans mes bras et l'ai bercé comme un bébé. Il s'est recroquevillé et a pleuré et pleuré et pleuré. Ces larmes me bouleversaient. Ces larmes me rappelaient que, perdu dans un cercle vicieux, ***il avait besoin de moi. Je suis la seule à pouvoir y mettre fin. Je suis l'adulte. Je suis celle qui, peu importe combien c'est difficile, doit trouver la force et la patience de donner à mon fils ce dont il a besoin pour « reprendre ses esprits ». Je suis celle qui doit tout arrêter et demander : que se passe-t-il ?***

Quand mon fils est de mauvaise humeur, à tort ou à raison, je dois continuer de l'aimer. Quand mon fils est en difficulté, je dois être un Rhino Orange. Je dois lui donner de la chaleur et du calme. Je dois être patiente et sereine. Je dois me montrer compréhensive.

Quand mon fils et moi sommes dans un cercle vicieux dont le but est d'accabler l'autre, j'ai deux choix : faire pire ou faire mieux. J'ai finalement fait mieux. Il m'a fallu des jours pour comprendre cela, il m'a fallu des jours pour grandir et réaliser que mon fils avait besoin de moi. Mais au moins je l'ai fait. Et pas seulement parce que cela m'a empêché de crier, mais parce que cela m'a permis d'aimer mon fils davantage. ***Et vraiment, c'est tout ce dont il avait besoin. D'être aimé plus.***

Et vraiment, c'est tout ce dont j'ai besoin. D'être aimée plus. De moi-même. Malheureusement, je ne joue pas ce jeu, le cercle vicieux, qu'avec mon fils et mon mari, mais je le joue aussi avec moi, d'une manière légèrement différente. Mon cercle vicieux avec moi-même repose sur un tas de pensées négatives, telles que « *Je ne peux pas perdre du poids* » ou « *Personne ne m'aime* » et « *Je n'arriverai jamais à arrêter de crier* ». Mes règles du jeu personnelles supposent que je me répète en boucle ces pensées négatives jusqu'à ce que je les croie et qu'elles deviennent réalité. Alors, j'ai « gagné », bien qu'évidemment j'aie perdu.

J'ai perdu la confiance nécessaire pour braver les difficultés.
J'ai perdu le courage de croire que je peux faire ce que j'ai dit.
J'ai perdu le contrôle de ma capacité à gérer mon désir de ne pas crier.

Quand je suis prisonnière de mon cercle vicieux de pensées négatives, je crée moi-même mon envie de hurler pour que s'expriment ma douleur personnelle, la frustration et la déception. Oui, je perds beaucoup quand je pense en négatif. En fait, tout ce que je gagne est le soulagement ponctuel que j'essayais d'éviter en premier lieu. Quand j'ai commencé le défi Rhino Orange, chaque fois que quelqu'un me parlait de « la puissance de la pensée positive », je levais les yeux au ciel tant j'avais du mal à croire ce cliché. Oui, l'optimisme aidait, mais je ne croyais pas que c'était « l'alpha et l'oméga » pour résoudre les problèmes et surmonter les défis. Et je ne crois toujours pas que ça l'est ; je suis réaliste.

Cela dit, ce défi m'a prouvé que plus je me montrais positive quant au but à atteindre, plus j'étais capable de l'atteindre.

Mais les jours où je me dis « *Je peux le faire. Je choisis d'aimer plus et de crier moins* » sont infiniment plus faciles et plus efficaces que ceux où je pense « *Argh ! Je n'y arriverai pas !* » Penser de façon positive m'aide à réagir de façon positive ; et c'est très contagieux.

Parce que je suis réaliste, et parce que j'ai joué au cercle vicieux bien plus de fois que je n'oserais l'admettre, je peux dire que c'est parfois carrément dur de penser positif ! Il est difficile de ne pas être en colère contre le comportement d'un enfant et il est difficile de ne pas être en colère contre son propre comportement. Mais choisir des pensées positives à mon égard et faire preuve d'un comportement positif à l'égard de mon fils s'avèrent nécessaires si je ne veux pas crier. Même s'il est difficile d'endosser la responsabilité de la fin du cercle vicieux, que ce soit avec mon fils ou avec moi-même, je continuerai à essayer afin que nous puissions débuter le jeu du cercle victorieux, celui qui consiste à s'aimer soi-même, aimer les autres et aimer la vie.

Jour 16 : prises de conscience, actions et conseils

Les prises de conscience du Rhino Orange

- Apprendre à me parler de façon positive et nourrir mon âme de pensées positives ont demandé du travail, de l'entraînement, de la détermination, et parfois de la volonté pure, mais les bienfaits ont été et continuent d'être puissants.
- M'encourager en me disant « Tu peux crier moins et aimer plus » ou « Tu peux le faire » semble ridicule, mais c'est absolument nécessaire et utile.

Les actions du jour

- **Créez des mantras positifs.** Notez trois ou quatre affirmations positives en vous appuyant sur l'ici et maintenant, l'optimisme, la joie. Exemples :
    - Je suis un parent calme et affectueux qui contrôle sa voix.
    - Je crie moins, je suis un Rhino Orange.
    - Je reste dans le moment présent et l'amour.
    - Je peux le faire ! Je ne vais pas crier ! J'aime mes enfants ! (Ce dernier mantra n'est pas exactement conforme aux règles en la matière mais il a fonctionné pour moi car il me concernait directement, me rappelait mon objectif et sonnait juste.)
- **Prononcez vos mantras tout au long de la journée,** et chaque jour, surtout quand vous avez envie de crier.
- **Collez des post-it** aux endroits clés tels que le miroir de salle de bain, le tableau de bord de la voiture ou le réfrigérateur.

> **« C'est la répétition d'affirmations** qui mène à la croyance. Et une fois que cette croyance devient une conviction profonde, les choses commencent à se produire. »
>
> —Mohamed Ali

Les conseils du jour :

C'EST COOL	**Le truc Rhino Orange :** écrivez cette citation de Gandhi sur du papier orange et faites-la vôtre « Un homme est le fruit de ses pensées ; ce qu'il pense, il le devient. »
C'EST CHAUD	Mordez-vous la langue (en douceur) et parlez ; il semblera que vous avez de la guimauve dans la bouche, tout le monde rira et cela désamorcera la situation.
C'EST BOUILLANT	Dites « De la sérénité, maintenant ! » ou l'un de vos mantras. Mon préféré ? « Je suis un Rhino Orange ».

Jour 17

Prendre soin de soi : dormir, manger, courir, nettoyer… aller aux toilettes ?

Quand James est entré en CP, il est passé de trois heures d'école quotidiennes à sept heures. Inutile de préciser que l'adaptation a été difficile. Tout se passait bien à l'école, mais à la minute où il en sortait, « Wow, le choc ! » Un après-midi, au début de l'année, j'ai décidé d'être proactive. Nous avons eu la conversation suivante.

Moi : « Alors, James, il semble que, après l'école, nous devons t'aider à te détendre un peu. Que penses-tu que l'on puisse faire pour prendre soin de toi afin que tu passes une fin d'après-midi agréable ? »

James : « Je ne sais pas. Mais j'ai envie de faire caca. OK ? »

Moi : « Mmm, OK. » Et en moi-même : « *Sympa, cette conversation, mon fils.* »

Après que James soit entré dans les toilettes, il m'a dit à travers la porte : « Bon, Maman, je ne suis pas vraiment en train de faire caca. Je suis simplement assis sur les toilettes en train, en train d'essayer. Je trouve que ça me calme, en fait. Tu sais, un petit endroit tranquille, où personne ne vient te déranger, et on se concentre uniquement sur une chose : le caca. Tu devrais essayer un jour. Tu pourrais aimer comme moi. »

Je ne pouvais pas m'arrêter de rire. Il avait probablement raison – se concentrer sur une seule chose ? Fantastique ! Être au calme ? Génial ! Avoir ces deux choses-là à la fois ? Le top ! Mais ce n'est pas pour moi. Quand je vais aux toilettes, j'ai en principe un enfant avec moi à l'intérieur, un enfant qui frappe à la porte, un autre qui essaye d'ouvrir et le dernier qui hurle « Dépêche-toi, j'ai envie de faire pipiiiiii ! »

Oui, aller aux toilettes n'est vraiment pas un moment de tranquillité. Mais, j'ai toujours apprécié la grande découverte de mon fils pour retrouver son calme : une salle de repos, un centre d'intérêt et du temps devant lui. C'était énorme. Dès le lendemain, je l'ai autorisé à filer dans sa chambre juste après l'école, pour construire tranquillement ses chefs-d'œuvre en Legos, tout seul, jusqu'à ce qu'il soit assez détendu pour reprendre la vie de famille. Cette idée d'être à l'écart dans un endroit calme a fait des merveilles, aussi bien dans les moments de tension qu'en tant que mesure préventive. Des merveilles !

Il m'a donc fallu quelques années et une franche conversation sur le caca pour comprendre la « recette du calme » de James comme j'aime à l'appeler maintenant. C'est en fait assez impressionnant parce que, voyons voir, j'avais quel âge en commençant le Défi Rhino Orange ?… C'est ça, 34 ans. Il m'a fallu 34 ans pour comprendre la recette du calme et c'est seulement parce que, si je voulais arrêter de crier, je n'avais pas le choix ! Traquer mes facteurs de colères m'avait rapidement montré que les jours où je me sentais stressée et malheureuse, mes chances de rester calme dans un moment difficile étaient infimes – tout à fait infimes.

C'était une expérience surprenante pour moi de réaliser que c'est parce que je restais calme que je ne criais pas et que cela dépendait essentiellement de mon état initial avant la

> **Ma capacité à ne pas crier dépendait simplement de ma capacité à garder mon calme pendant les moments difficiles, comme prévu, mais aussi de ma capacité à prendre soin de moi au quotidien afin d'être détendue, bien avant lesdits moments difficiles.**

crise. Ainsi, en proie à des situations difficiles, si j'étais détendue j'avais suffisamment de force pour les gérer sans crier. Vous savez quoi d'autre m'a sauté aux yeux? Quand j'ai réalisé l'importance de savoir « prendre soin de soi » pour éviter de crier, j'ai aussi tristement réalisé que je ne savais plus vraiment comment prendre soin de moi. Je ne savais pas ce que j'aimais faire pour me détendre ou ce qui me remontait le moral rapidement les jours « sans ». Je ne me connaissais plus vraiment. Je ne savais pas ce qui me ressourçait parce que cela faisait bien longtemps que je n'étais pas une priorité pour moi-même et que je n'avais pas écrit « prendre soin de soi » sur ma liste de tâches.

Depuis que je suis devenue maman, j'ai arrêté de prendre soin de moi. En fait, j'ai refusé de prendre soin de moi. J'ai refusé de faire des choses pour me relaxer. J'ai refusé de faire des choses pour me faire plaisir. À la place, je me suis convaincue que, pour être une bonne maman, je devais mettre les besoins de mes enfants au-dessus des miens. Je me suis convaincue que je ne pouvais pas faire ce que j'aimais faire, comme organiser ou ranger, parce que je devais passer tout mon temps avec mes enfants. Je me suis convaincue qu'il était égoïste de prendre le temps d'aller à la gym ou de parler à une amie. Je me suis convaincue que, même si je voulais prendre du temps pour moi, je n'en avais pas assez tant il y avait d'autres choses à faire plus importantes. Vous savez quoi ? Il s'est avéré que je ne pouvais pas faire ces choses si importantes, comme aimer mes gamins et ne pas leur crier dessus, si j'étais vide, si je ne me nourrissais pas régulièrement de ce qui me rendait heureuse et calme. **J'avais besoin de prendre soin de moi pour prendre soin de ma famille.** Et j'avais besoin de réapprendre ce que ça voulait dire !

J'ai beaucoup réfléchi, tâtonné et relu mon tableau de bord pour comprendre ce que j'oubliais de faire les jours où j'avais du mal à garder mon calme. J'ai repéré cinq priorités (hormis passer du bon temps en famille) qui devaient désormais appartenir à ma nouvelle liste « prendre soin de soi ».

• **Bien manger.** Les jours de grande malbouffe, quand mon ventre se sentait ballonné et lourd, j'étais mal lunée, déçue, grosse et nerveuse. Mais si je ne mangeais pas, alors oh, j'étais grincheuse et tout aussi nerveuse ! L'alimentation avait un impact important sur ma colère, je devais l'admettre et y faire plus attention.

• **Bien dormir.** Avant la naissance de James, j'avais besoin d'au moins huit heures de sommeil pour être une personne agréable. Ce besoin n'a pas changé lorsque James est né et, en fait, il s'est amplifié à mesure que notre famille grandissait. Ce qui a changé cependant,

c'est que les nuits de huit heures sont devenues un luxe, et celles de six heures, une réalité… à cause de moi. Chaque soir, je me disais « *Le manque de sommeil, ce n'est pas grave. Je le rattraperai un jour.* »
Eh bien, ce jour-là n'est jamais arrivé ; ce qui est arrivé, c'est que j'étais de plus en plus fatiguée, nerveuse, stressée et beaucoup plus encline à hurler. Le manque de sommeil m'a rendue malheureuse, et par conséquent mes enfants aussi, et je ne peux pas nier qu'il affectait profondément ma capacité à rester calme.

- **Faire de l'exercice.** Avant le Défi Rhino Orange, je savais que le sport me faisait du bien. Je ne savais pas dans quelle mesure cependant jusqu'à ce que je remarque que les jours où je ne faisais pas d'exercice, éviter de crier était très, très dur ; et les jours où je mettais mon corps en mouvement, grâce à une séance de sport, une promenade à l'extérieur ou une soirée dansante avec mes enfants, j'étais beaucoup, beaucoup plus calme et ne pas hurler était *beaucoup* plus facile.
- **Être en lien et communiquer avec des amis.** Je n'avais jamais réalisé combien parler, rire ou juste être avec mes amis – même pour quelques instants – me détendait jusqu'à ce que ces interactions disparaissent à cause de notre vie familiale de fous. Rayez ça. À cause de moi, parce que je n'en avais pas fait une priorité et avais oublié que mon besoin d'être en lien était tout aussi important que celui de mes garçons.
- **Ranger et organiser.** Ranger la cuisine me calme. Passer l'aspirateur me rend heureuse. Une maison sens dessus dessous, sale et encombrée, pas du tout. Ça me stresse ! Je sais que certains disent « La vaisselle sera toujours là, mais pas les moments précieux avec les enfants. » Et j'éprouve le même sentiment, raison pour laquelle je me sentais coupable de faire la vaisselle tout de suite. Pendant le défi, cependant, j'ai réalisé que c'était NORMAL de ne pas laisser s'entasser la vaisselle. C'était normal de vouloir être productive et de mettre des croix sur ma liste de tâches. C'était normal d'avoir besoin d'être productive pour être calme. **C'est tout à fait normal de dire « J'ai besoin de faire quelque chose pour ma maison ou mieux pour MOI afin d'être là pour mes enfants et ne pas me fâcher. »**

Avant le défi, je me sentais coupable et parfois gênée, pas seulement quand je préférais la vaisselle à mes enfants, mais aussi quand je choisissais le sport plutôt que la pâte à modeler ; quand je demandais à ma mère de les garder pour dîner avec un ami ; quand j'allais me coucher tôt sans avoir terminé les mille cupcakes prévus pour un anniversaire. Avant le défi, je me suis tellement souciée de ce que devait censément faire (et ne pas faire) une bonne mère que j'ai réellement cessé d'être une bonne mère parce que je suivais les recettes des autres et pas ma propre « recette du calme ».

Grâce au Défi Rhino Orange, j'ai cessé de me sentir coupable, je me suis sentie fière d'avoir enfin trouvé ma « recette du calme » personnelle, d'y croire et de la suivre. Quand les journées sont dures, à cause des enfants ou de la vie, quand je suis de mauvaise humeur et sur le point de craquer, je m'arrête et je m'efforce de prendre soin de moi. Je pense à ma « recette du calme » et tâche de faire quelque chose… Alors, je trouve que crier moins et aimer plus sont bien plus faciles.

Jour 17 : prises de conscience, actions et conseils

Les prises de conscience du Rhino Orange

- **Prendre soin de moi n'est pas égoïste ; c'est en fait un beau cadeau que j'offre à mes enfants.**
- Prendre soin de moi n'est pas forcément un grand événement ; je peux passer cinq minutes à regarder des photos ou deux heures à dîner avec des amis.

Les actions du jour

- **Prenez soin de vous.** Réfléchissez à tout ce que vous pourriez faire pour retrouver calme et plaisir. Ne vous cherchez pas d'excuses même si c'est tentant (par exemple, je n'ai pas de baby-sitter, je manque de temps, je ne sais pas comment faire). Pensez à la fois à des grandes et à des petites activités – osez rêver ! (On dit que rêver, c'est déjà s'apaiser !)
- **Créez votre recette du calme** en listant cinq choses qui vous permettent de prendre soin de vous. N'oubliez pas de penser à une ou deux activités qui ne prennent pas de temps (par exemple, écouter la radio, sortir pour une ballade), une ou deux qui sont un peu plus épanouissantes (par exemple, boire un café chaud dehors et sans enfants), et une qui nécessite un plan et sans doute un peu d'aide (par exemple, un dîner en amoureux).
- **Écrivez votre recette du calme sur une fiche** et gardez-la à portée de main. Quand vous sentez que vous tirez sur la corde et que vous êtes prête à crier, vous pouvez vous y référer pour vous aider à tenir et à revenir au calme – sans hurler !

> « **En cas d'urgence,**
> mettez votre masque à oxygène
> avant d'aider les autres. »
>
> —Consignes de sécurité des compagnies aériennes.

> « **Je prends soin de moi**
> afin de prendre soin d'eux. »
>
> —Les Rhinos Orange

Les conseils du jour

C'EST COOL	Allumez une bougie dans les moments délicats. Avec des bougies d'aromathérapie à l'heure du bain, je prétends être au spa. Bonus ? Ça relaxe les enfants aussi !
C'EST CHAUD	**Le truc Rhino Orange :** arrêtez tout et jouez avec vos enfants ; ce n'est pas seulement amusant, c'est aussi sans doute de liens dont vous avez besoin.
C'EST BOUILLANT	Ouvrez le frigo et mettez la tête decans pour refroidir cette vilaine pensée. Savourez une bonne crise de rire après !

Faites baisser la température ! L'air frais me refroidit un moment puis m'aide à être plus chaleureuse.

5

Commencer à crier moins et à s'aimer mieux

« **Pour accomplir de grandes choses,**
il ne suffit pas d'agir, il faut rêver ;
il ne suffit pas de calculer, il faut croire. »

—Anatole France

Je peux dire de tout mon cœur et de toute mon âme qu'apprendre à arrêter de crier a changé ma vie. Cela a changé ma façon d'être une mère, une épouse, une fille, une amie et une voisine. Cela a changé ma façon de vivre, en mieux. Cela a changé ma façon de gérer la peur et la frustration ; j'y parviens maintenant avec beaucoup plus de confiance, de maturité, de perspicacité et de force. Je n'aurais pas connu cette expérience bouleversante si je n'avais pas osé rêver que je pouvais changer, si je n'avais cru que je pouvais changer, si je n'avais pas dressé un plan pour changer, et si je ne m'étais pas concentrée pour y arriver. À ce stade du livre, vous avez aussi déjà franchi ces étapes ! Vous avez déjà osé rêver, vous avez déjà un plan et de la pratique, et, je l'espère, vous en êtes arrivée à croire que vous pouviez accomplir de grandes choses. Si vous vous demandez encore si, oui ou non, vous pouvez changer, sachez-le : je crois que vous le pouvez. Je crois que nous pouvons tous changer et concrétiser nos rêves, je crois que vous êtes prête à le faire.

Je sais que cela peut sembler un peu bête, mais je suis sincère et honnête quand je dis que ce chapitre représente le début d'une nouvelle vie. Alors, à vous ! Et au dur labeur que vous avez accompli jusqu'à maintenant pour vous préparer à tourner la page et vivre une étape merveilleusement enrichissante.

Jour 18

Devenir un Rhino Orange, comment je suis sortie de mon corps

Plus d'une fois pendant ce voyage, j'ai pu réagir à des situations très difficiles avec un tel sentiment de calme, de grâce, de confiance et de contrôle que j'avais l'impression de vivre une sortie hors du corps. Sérieusement.

Un jour, au restaurant, mon mari et moi avons eu le plaisir d'entendre une femme assise juste à côté de nous se moquer avec son petit ami de notre discussion à propos d'un système de récompense pour nos enfants.

Elle : « Les nuls ! Ils sont là sans enfants et ils parlent de systèmes de récompense. »

Lui : « Chut. Tu parles fort. Ils peuvent nous entendre. »

Elle : « Je m'en fiche. Attends, je vais perdre un bon point si je suis mal élevée, ou deux ?

Lui: « Chut, s'il te plaît. C'est embarrassant. »

Elle : « Chéri, tu as droit à un bon point pour avoir dit s'il te plaît. Et si tu manges bien, tu en auras deux. »

Oh, comme mon sentiment d'insécurité a fait un bond ! Oh, comme je voulais fondre en larmes ! Oh, comme je voulais me fâcher et lui souhaiter le pire quand elle deviendrait maman. Mais je n'ai rien dit. Je me suis dit qu'il valait mieux lâcher prise, que la rumination n'était pas une bonne idée et que ça allait gâcher notre belle soirée. J'ai donc ravalé mes larmes, je suis restée zen, j'ai haussé les épaules comme j'ai pu et savouré mon tête-à-tête. Je n'aurais jamais, jamais réagi comme ça avant le Défi Rhino Orange. Jamais, jamais.

Et puis, il y a eu ce jour au fast-food où j'étais seule avec mes quatre enfants pour célébrer l'anniversaire de James et où Andrew s'est effondré parce qu'il avait mouillé sa chemise et ne le supportait pas. Après avoir quitté la table et fait de mon mieux pour sécher son vêtement, une femme m'a lancé : « Amenez-le moi ! Je lui donnerais une bonne fessée avant de m'occuper de lui. Je le ferais taire, moi ! »

Je voulais lui rétorquer un tas de mots insultants et de pensées méchantes pour avoir ouvertement critiqué mon rôle de parent et menacé de blesser mon enfant. Mais je n'ai rien dit. Parce que je ne voulais pas gâcher la fête de mon fils, sans sourciller, j'ai très gentiment et très poliment répondu « Oh, s'il vous plaît, ne parlez pas de mon fils de cette façon. Ce n'est pas gentil et ce n'est pas drôle. Ce n'est qu'un enfant. Lui et moi faisons de notre mieux. »

Je n'aurais jamais réagi comme ça avant le Défi Rhino Orange. Jamais, jamais.

Ces sorties hors du corps ne sont pas seulement arrivées dans les moments de colère contre des étrangers. Un jour, je me suis surprise à ne plus être obsédée par la perfection en estimant que « assez bien », c'était déjà bien. Un autre, je suis allée au lit plus tôt que d'habitude parce que j'avais besoin d'une «nuit à moi» plutôt que de m'entêter dans ma liste de tâches.

Je n'ai plus laissé grandir la colère, le ressentiment, la frustration ou la déception, comme je le faisais avant le Défi Rhino Orange. Au contraire, j'ai commencé à cultiver le bonheur, la satisfaction, le calme et la tranquillité, et par conséquent, j'ai mené une vie plus épanouissante.

Encore un autre, je me suis étonnée moi-même en racontant à mon mari des anecdotes positives sur les enfants au lieu de me plaindre des événements frustrants. Et encore un autre, j'ai regardé mon fils, en profitant pleinement de l'instant, en détaillant son visage si précieux au lieu de m'inquiéter de tout ce qui me restait à faire. Oui, ces sorties hors du corps ont été nombreuses pendant le Défi Rhino Orange et nous ont souvent surpris, mon mari et moi, parfois même fait peur.

L'une l'a particulièrement surpris. Nous étions au bord de la mer pour nos vacances d'été. Les trois premiers jours, il avait plu – génial. Au quatrième, alors qu'il ne pleuvait plus, nous avons découvert que notre plage préférée était fermée au public après des dégradations dues à une tempête. Nous avons dû nous rendre sur une plus grande plage, beaucoup plus fréquentée, bruyante et beaucoup plus loin. Ouh ! L'ancien moi aurait boudé toute la semaine en se plaignant de tant de contrariétés et de déceptions. Mais je n'ai rien dit. J'ai accepté et profité de ce qui m'était donné : du temps avec ma famille sur une plage. Je n'aurais jamais réagi comme ça avant le défi Rhino Orange. Jamais, jamais. En fait, ma réaction a tellement surpris mon mari qu'il m'a demandé « Qui êtes-vous ? Qu'avez-vous fait de ma femme ? »

C'était une question tout à fait légitime ! Parvenir à réagir de cette façon à ce moment-là (et ceux mentionnés précédemment) était un revirement total me concernant, et le dire est un euphémisme. Le changement était si radical qu'il était presque effrayant. Parfois après l'une de ces sorties hors du corps, ces moments « Wow, j'ai complètement changé, c'est dingue », je pensais en moi-même « *Qui est cette personne qui réagit comme ça ? Où est la Sheila que je connais ? Est-ce grâce au défi Rhino Orange ?* »
La réponse a toujours été catégorique « *OUI !* » et toujours suivie par « *Incroyable ! Je ne peux pas croire combien ce défi a changé ma vie.* » Et puis, bien sûr, « *Pff. Je deviens idiote...* »
Car je le deviens. **Quand l'un de ces moments me frappe et me prouve combien j'ai changé, je me sens toujours un peu idiote, sentimentale et bien embêtée.** Je ne peux pas m'en empêcher. Et je ne peux pas empêcher les larmes non plus ! J'éprouve un profond sentiment d'émerveillement, de joie et de gratitude pour ce défi qui n'a pas simplement amélioré ma relation avec les enfants, mais qui a amélioré ma vie entière. Je sais que ça sonne comme une déclaration un peu grandiose, mais ça ne l'est pas – c'est la vérité vraie.

J'avais adopté des mesures préventives et des réactions pour m'empêcher de crier et celles-ci s'étaient tellement ancrées dans mon comportement que je ne les utilisais pas qu'avec les enfants. Je les adoptais tout au long de la journée, dans d'autres situations, bonnes ou mauvaises, avec ou sans les garçons, que j'aie envie de crier ou non. Naturellement, j'ai commencé à davantage :

Lâcher prise
Rire
Demander de l'aide
Penser de façon positive
Câliner
Exprimer mes sentiments difficiles
Écouter
Profiter de mes enfants
Revoir mes attentes à la baisse
Pardonner
Accepter ce que je ne peux pas changer
Me relier à mon mari
Faire acte de bonté

Quand je m'engage dans l'une ou l'autre des actions ci-dessus, quand j'embrasse pleinement ces nouvelles habitudes qui n'ont pas à voir avec les cris mais avec la vie en général, je ne me contente pas de crier moins et d'aimer plus : j'aime la vie davantage.

Jour 18 : prises de conscience, actions et conseils

Les prises de conscience du Rhino Orange

- **Les nouveaux comportements, attitudes et compétences développés pour m'aider à ne pas crier ont amélioré tous les aspects de ma vie.**
- Il n'y a que des avantages à devenir un Rhino Orange.

Les actions du jour

- **Relevez le défi aujourd'hui !** Vous avez la préparation et la pratique ; vous avez déjà parcouru un chemin que je n'avais pas moi-même emprunté avant de me lancer dans mes 365 jours. Vous êtes prêt.
- **Soyez enthousiaste !** Parlez aux gens de votre objectif, dites pourquoi aujourd'hui, c'est le jour. Prévenez vos enfants. Vos voisins. La serveuse de votre café préféré. Votre chien. Dites-le à tout le monde et à n'importe qui ! Avoir de l'enthousiasme pour un projet permet de le mener à bien.
- **Rédigez un plan pour la journée, en choisissant :**
    - vos trois conseils préférés pour éviter de crier (cool, chaud, bouillant)
    - une activité pour prendre soin de vous
    - une personne que vous pouvez joindre si vous avez besoin de soutien
    - la façon dont vous allez fêter votre succès

> **« Dans 20 ans, vous serez plus déçu**
> par les choses que vous n'avez pas faites
> que par celles que vous avez faites.
> Alors sortez des sentiers battus.
> Mettez les voiles. Explorez.
> Rêvez. Découvrez. »
>
> —Mark Twain

Les conseils du jour :

C'EST COOL	Habillez vos enfants en orange, un pense-bête qui saute aux yeux !
C'EST CHAUD	Dites à voix haute « Vous êtes des enfants, vous êtes mes enfants et je vous aime. »
C'EST BOUILLANT	Contractez tous les muscles de corps puis détendez-les, un par un, en commençant par les pieds et en remontant (j'ai emprunté ce conseil à l'un des professeurs de mon fils). J'ADORE !

Les chatouilles, les « Tous sur Maman », les câlins, les bisous et les « Je t'aime » sont quelques uns des plus beaux avantages à devenir un Rhino Orange.

6

Rester calme quand les choses (les enfants) tournent mal

« **Changez vos pensées** et vous changerez le monde. »

—Norman Vincent Peale

Si je devais choisir un jour préféré dans ce défi, ce serait le jour 7, le jour où j'ai appris que, neuf fois sur dix, je ne criais pas à cause des enfants mais à cause de moi. Le Jour 7, le jour où je me suis souvenue que mon vieux prétexte pour rompre « Ce n'est pas toi, c'est moi » était exact quand il concernait les raisons de ma colère. Mon stress, mes problèmes, ma fatigue sont les raisons pour lesquelles je crie – pas mes enfants. Mais qu'en est-il de l'autre fois sur dix, quand tous mes voyants sont au vert, que je suis bien disposée, que les enfants le savent mais qu'ils ne peuvent s'empêcher de pousser le bouchon un peu trop loin ? Qu'en est-il de l'autre fois sur dix, quand je me sens véritablement un parent au top mais que les enfants ne sont toujours pas « à l'écoute » ? Ne veulent toujours pas « se tenir » ? Piquent encore une crise ? Vous savez, quand les enfants font juste les enfants ou qu'ils sont dans un jour sans. Vous savez, quand je ne veux plus être calme comme un Rhino Orange mais charger comme un Rhino Gris. Ce chapitre revient sur les cinq outils qui m'aident à passer du mode « Sérieusement, tout ça est ridicule, j'abandonne » au mode « Très bien, j'ai compris, je peux le faire. »

Jour 19

L.O.V.E. : mon nouveau doudou

J'ai 36 ans, bientôt 37, et oui, j'ai encore la petite couverture de mon enfance, affectueusement surnommée « Doudou ». Et oui, je dors encore avec elle tous les soirs. Tous les soirs. Voilà, je l'ai dit. Je suis une adulte cultivée qui met sa couverture de bébé en boule, une couverture brûlée dans un coin, décousue dans un autre, dont il manque la moitié du bord en satin, avec un énorme trou au milieu, une couverture utilisée comme oreiller. Je ne peux pas m'en empêcher. Le truc, c'est qu'elle et moi avons vécu beaucoup de choses.

Un jour, quand j'avais 5 ans, alors qu'il était l'heure de coucher mes poupées, je l'ai posée sur les bougies de Noël parce que je n'étais pas autorisée à toucher les « bougies allumées ». Eh bien, elle s'est immédiatement enflammée. Oups. Puis, quand j'avais sept ans, alors que je devais arrêter de sucer mon pouce (ce qui était une grande déception), je me suis mise à frotter son bord en satin pour me rassurer. Et puis, à l'âge de 29 ans, alors que mon mari était en voyage d'affaires et que je détestais être seule dans notre vieille maison grinçante, je me suis recroquevillée contre elle pour retrouver sécurité et confort. Mon « doudou » est mon meilleur ami, il représente beaucoup pour moi.
Je le sais. Mon mari le sait. Et mes enfants le savent, particulièrement James qui, un jour, a tenté de l'utiliser contre moi.

Il était environ 15h30 ce jour-là, une journée particulièrement chaude de juillet. James, qui n'avait connu dans l'année que des demi-journées de maternelle (bon d'accord, plutôt des tiers de journée car il y allait seulement pendant deux heures et demie), venait de terminer sa première grande journée au centre de loisirs. Vers 6h30 ce matin-là, comme toujours, James s'était levé bon pied, bon œil, avait joué pendant deux heures et demie avant de partir pour les six heures et demie d'activités du centre. Comme prévu, ma journée avait été difficile, mon fils aîné me manquait et je m'inquiétais de savoir s'il gérait bien ce grand bouleversement physique et émotionnel. Et, comme prévu, sa journée avait été difficile aussi. Rayez ça. Selon lui, je ne lui avais pas manqué et sa journée avait été fantastique. Cool pour lui. Sa journée n'avait plus été fantastique du tout dès lors que j'étais venue le chercher. Pas cool pour lui, ou pour nous. Et surtout pas cool pour Doudou.
Alors que nous arrivions à la maison, son optimiste « Oui, je me suis beaucoup amusé aujourd'hui » s'est rapidement transformé en une longue plainte « Mais je ne veux pas y retourner demain. En fait, je refuse. Je veux rester à la maison ! » J'ai garé la voiture et me suis penchée vers lui, le cœur brisé de voir des larmes couler de ses yeux fatigués sur son visage tout rouge. Avant que je puisse lui parler, il a sauté de la voiture, a claqué la porte et a couru vers la maison, en hurlant comme un fou.

Je suis tranquillement descendue de la voiture et suis entrée avec précaution dans la maison parce que je savais à quoi m'attendre : une bonne crise de colère, avec lancer d'objets de toutes sortes à mon intention (nous savons tous de qui il a appris ce truc, hum, hum !) En plein dans le mille ! J'ai fait un pas et des fruits en plastique me sont tombés dessus. J'ai esquivé une banane mais ai reçu une poire directement dans le nez ! Agacement. Envie de crier « *Tais-toi ! Calme-toi tout de suite ! Grandis un peu.* » Mais je n'ai rien dit. Je suis restée calme.
J'ai pu esquiver la nouvelle salve de fruits et enfin attraper mon fils alors qu'il accourait pour m'attaquer à l'aide d'une tranche de pizza et d'un gâteau. Je savais que cet élan vers moi était intentionnel ; je savais que c'était un appel au secours. Même si je n'avais pas vraiment apprécié qu'il jette des choses sur moi, j'ai continué à garder mon calme, l'ai pris dans mes bras et lui ai dit doucement :

« Qu'est-ce qui se passe ? Parle-moi. »

« Ce n'est pas juste que mes frères n'aillent pas au centre de loisirs et qu'ils soient avec toi. Ce n'est pas juste que je doive y aller toute la journée. Ce n'est pas juste ! »

Il m'a hurlé dessus, ses larmes coulant encore sur son visage, son corps en colère contre mon câlin. Même si sa voix aiguë m'assourdissait, même si la tension montait au fur et à mesure de sa crise, je gardais mon calme.

Il a repris un peu ses esprits, puis s'est excusé pour s'isoler dans sa chambre un moment. Mais il s'est retourné, s'est emparé de Doudou et s'est directement dirigé vers la salle de bain. Ses yeux ne présageaient rien de bon ; au contraire, je savais qu'il attirait de nouveau mon attention, pour avoir un dernier câlin, pour que je l'aide à se sentir mieux après cette journée très difficile. Et quoi de mieux que de s'emparer de quelque chose de précieux pour moi ?

« James, s'il te plaît, donne-moi la couverture. »

« Non ! Je vais la mettre dans les toilettes. » Puis il s'est mis à rire (c'était un rire de malaise, un rire qui disait « Je sais que ce n'est pas bien mais je ne sais pas quoi faire d'autre, je me sens nul et triste »).

« James, tu ne veux pas vraiment faire ce que tu imagines. Je sais que ton après-midi a été difficile, mais tu ne veux pas avoir d'ennuis à cause de ça », ai-je dit calmement.

« Trop tard, Maman ! » Ensuite, il a couru dans la salle de bain et a jeté Doudou dans les toilettes. Les toilettes qui, apparemment, n'avaient pas été nettoyées après que quelqu'un était passé par là. Doudou était brûlé *et maintenant* dans le caca. Génial.

Je ne sais pas comment mais, encore une fois, je suis parvenue à rester étonnamment calme.

« James, s'il te plaît, récupère Doudou et va le laver dans le lavabo », lui ai-je demandé en lui donnant le savon et en ouvrant le robinet.

« Pour de vrai ? Mais il est plein de pipi et de caca… »

« Oui, pour de vrai », ai-je répété.

Je ne sais pas qui était le plus surpris : mon fils, perdu dans d'intenses émotions après sa crise de colère, devenue crise de nerfs, devenue crise de « M'man, je peux pas croire que tu me demandes un truc pareil » ; ou moi, perdue dans cet étrange calme. J'avais esquivé l'attaque des fruits, j'avais eu un peu de mal à respirer quand j'avais vu Doudou partir se baigner, mais, finalement, l'épisode ne m'avait pas fait flancher ou crier comme ça aurait été le cas auparavant. Il m'avait incitée à aimer mon fils davantage. **L.O.V.E.** Redites-moi ça ? Oui, je l'avais aimé davantage car, quand j'avais vu ses larmes couler dans la voiture, je savais qu'il avait besoin de mon amour et pas de ma colère. Donc, je le lui avais donné, avant, pendant et après la crise.

Lecture : j'avais regardé ses yeux et y avais lu de l'épuisement ; j'avais jeté un œil à l'heure et compris qu'il avait faim ; et j'avais observé son visage en sueur et vu un petit garçon en surchauffe.

Observation : j'avais écouté mon fils exprimer ses sentiments dans la voiture et à la maison.

Vérification : j'avais vérifié avec lui ce qui se passait en disant « James, on dirait que tu es un peu triste et en colère d'être parti toute la journée. Et il semble que, par-dessus le marché, tu es fatigué, tu as faim, tu as chaud. Je me trompe ? » J'avais obtenu un tout petit « Mmm… Tu as raison. »

Empathie : j'avais partagé avec lui « Je sais que c'est injuste. Je me souviens comme j'étais triste moi aussi quand je devais aller à l'école toute la journée et ne pouvais pas rester à la maison pour jouer avec ma maman. Et je me suis sentie triste aujourd'hui ; tu m'as beaucoup manqué. Beaucoup. Je comprends. Je comprends pourquoi tu es en colère. Mais on ne jette pas des objets et on ne dit pas de vilaines choses parce qu'on est en colère. »

Après cela, j'avais eu devant moi un petit garçon bien plus détendu « Je sais. Je suis désolé d'avoir fait ça à Doudou. Je vais aller ramasser les jouets. »

L'amour, en revanche, l'amour vient à bout de tout. Qu'ai-je vraiment appris pour arranger les choses et éviter de crier ? L'amour en lettres capitales L.O.V.E.

Et je me suis moi-même sentie beaucoup plus détendue dans mon corps, parce que j'avais réussi à rester calme alors que j'avais vraiment eu envie de crier. Il n'y a rien qui me mette plus en colère qu'un comportement agressif ; je ne le tolère pas. Mais je ne le tolère pas plus vis-à-vis de moi, quand j'adopte moi-même un comportement agressif, car ça ne fonctionne pas et ça aggrave la situation.

Lorsque j'ai créé l'acronyme L.O.V.E., j'ai pensé m'y référer une ou deux fois pour rester calme au lieu de crier. Il s'avère que je l'utilise tous les jours ! Oui, quand les enfants sont à cran et que je le suis moi-même, je m'arrête et je m'efforce de **L**ire les circonstances (temps, température, jour de la semaine, expressions du visage) ; d'**O**bserver et d'écouter ce qu'ils ont à dire ; de **V**érifier avec eux pourquoi ils sont en colère, surexcités ou tristes, ou je ne sais quoi ; et puis je fais preuve d'**E**mpathie. Je me mets à leur place, j'essaye de les comprendre, d'où viennent leurs émotions, et cela m'aide à rester cool, zen, confiante et en lien avec eux.

Je suppose que, à bien des égards, donner ce L.O.V.E. à mes enfants est devenu un nouveau genre de doudou. Ne t'inquiète pas, Doudou, tu n'es pas remplacé ! L.O.V.E. est l'un de mes principaux outils pour éviter de hurler. Non seulement il me rassure parce que je peux m'appuyer sur une méthode fiable, mais il nous réconforte aussi, mes petits et moi, dans les situations délicates.

Jour 19 : prises de conscience, actions et conseils

La prise de conscience du Rhino Orange :

- Quand je réponds à mes enfants avec bonté, compréhension et L.O.V.E., je mets toutes les chances de mon côté pour qu'ils m'écoutent et obéissent, et pour renverser rapidement une situation mal engagée.

Les actions du jour

- **Suivez les règles de l'amour, L.O.V.E. :**

L. ecture
O. bservation
V. érification
E. mpathie

- **Mettez en pratique le L.O.V.E. :**
  - Au début, vous pourriez avoir du mal à vérifier et tenter d'expliquer « Non, tu te trompes ! » Restez calme et essayez à nouveau de simplement vérifier, en demandant l'aide de votre enfant.
  - Soyez précise dans les moments de Vérification et d'Empathie, ne vous contentez pas de répéter mot pour mot les paroles de votre enfant. J'ai appris à mes dépens que cela mettait de l'huile sur le feu.
- **Singez votre enfant !** Si vous avez du mal à le comprendre, regardez-le et imitez les expressions de son visage. C'est bizarre, mais, comme par magie je ressens alors ce qu'il ressent.
- **Aimez-vous, vous aussi !** N'oubliez pas de vous aimer tout au long de votre voyage : soyez indulgente et prenez soin de vous afin que vous puissiez avancer avec tendresse et amour.

> « **Ne confondez jamais un échec** avec une défaite. »
>
> —F. Scott Fitzgerald

Les conseils du jour :

C'EST COOL	**Le truc Rhino Orange :** évaporez votre stress. Mettez une serviette chaude et humide sur votre visage et respirez profondément, comme si vous étiez dans un spa. Je le fais tous les soirs ; c'est ressourçant.
C'EST CHAUD	Regardez un objet que vous aimez ; trouver un point d'appui efface la colère.
C'EST BOUILLANT	Faites un câlin à votre enfant. Oui, je me répète. Cela implique les deux protagonistes et marche si bien !

> **“All you need is love.”**
>
> —John Lennon

Jour 20

Jour 20. Prendre du recul : mon nouveau mantra s'appelle « Au moins »

Jour 3, 2e tentative

Cher Recul,
C'est tellement agréable de prendre le petit déjeuner avec toi. Chaque fois que je commence la journée à tes côtés, rester calme est plus facile. Je me souviens que les enfants sont juste des enfants. Je me souviens qu'un bol renversé n'est pas la fin du monde. Je me souviens que dire au revoir gentiment, c'est mieux que précipitamment. Je me souviens qu'éviter de crier est plus important que ranger. Oui, cher Recul, tu as été un ami très cher pendant ce défi. Je t'invite chez moi quand tu veux. Sache simplement que la maison n'est pas toujours propre et que je suis une piètre cuisinière.

À très bientôt,
Le Rhino Orange

Je me souviens comme si c'était hier du matin où j'ai compris le « pouvoir du recul ». Le soleil brillait à travers les fenêtres de la cuisine pour la première fois depuis des semaines. Il m'a sortie de ma nuit de stupeur « Mac n'a toujours pas fermé l'œil » et des trente précédentes minutes de tergiversations « Brossez-vous les dents et habillez-vous ». Voir ainsi le soleil m'a redonné l'espoir de survivre à ce matin – et peut-être même à toute la journée ! J'ai mis du pain à griller, sorti le beurre et la confiture, et puis j'ai regardé par la fenêtre le lever de ce beau soleil d'hiver. Oui, aujourd'hui, j'allais être au top !

Eh bien, ce sentiment a duré un énorme quart d'heure. Dès que les garçons se sont mis à jouer à la fin du petit déjeuner, j'ai remarqué que Mac avait rampé dans la confiture et tracé son chemin sur le sol. Avec ses genoux, il avait laissé des traces collantes, moins mignonnes que d'habitude. PARTOUT. Mon manque de sommeil me donnait envie de crier. Mais je n'ai rien dit. Je ne sais pas ce qui m'a envahi à ce moment-là (le soleil m'avait-il donné de la force ?) mais au lieu de hurler contre Mac et Andrew, le responsable de la confiture par terre, j'ai juste souri. Tout allait bien.
C'était juste de la confiture.

Après cinq ans et demi ans de parentalité et des années de cris pour des broutilles, j'avais enfin trouvé un recul qui ne m'a plus jamais quittée depuis. Après avoir nettoyé la cuisine, j'ai vite écrit la lettre ci-dessus, puis les mots suivants :

Le fait qu'Andrew soit en train d'apprendre à manger seul est plus important que le fait que Mac ait rampé dans la confiture, tombée de la tartine, elle-même tombée sur la table, après que son frère a fait tomber sa cuillère.

Je ne pouvais pas tout expliquer dans ce post parce que, vous savez, c'est la vie avec des enfants, et je ne pouvais pas attendre d'écrire cette nuit-là parce que, vous savez, avec des enfants, vous tombez de sommeil à 20 h, toujours est-il que j'ai quand même trouvé une fin :

> *Par miracle, j'ai réussi à ne pas crier de la journée. Et croyez-moi, la chance était contre moi aujourd'hui. Mais j'y suis arrivée. Et je pense que c'est grâce au recul. Je me suis arrêtée et j'ai regardé les choses différemment, ce qui fait toute la différence.*

Oui, je suis certaine que le recul a sauvé cette journée parce qu'il le fait régulièrement pour moi depuis que j'ai découvert son pouvoir. Et j'ai maintenant deux petits mots qui me permettent de prendre du recul quand j'en ai désespérément besoin…
Au moins.

Du recul. C'est tout ce dont j'ai besoin. Huit fois sur dix, je crie sans aucune bonne raison.

Ces deux petits mots font une énorme différence, si bien qu'ils sont mes nouveaux mots préférés – après L.O.V.E. évidemment. J'ai commencé à les utiliser dans les moments où j'avais envie de crier pour une broutille, et, d'un coup, la vie est devenue plus facile avec cette idée que les choses pourraient être pires.

« Oh, il y a de la confiture par terre. Mais, AU MOINS, le pot entier n'a pas été renversé. »

« Oh, il est monté sur la table. Mais, AU MOINS, il ne s'est pas suspendu au lustre. »

« Oh, il a dérangé sa chambre. Mais, AU MOINS, ses frères n'ont pas fait pareil. »

« Oh, ma vie est dingue avec quatre enfants d'âge différent. Mais, AU MOINS, ils l'égayent de leur amour. »

Je pourrais continuer ainsi très longtemps. Alors je vais continuer un peu.

« Oups. J'ai encore 363 jours à tenir pour ce défi… Eh, AU MOINS, j'ai passé 2 jours sans crier, ce qui est mieux que rien. »

« Oups. J'ai crié aujourd'hui… Eh, AU MOINS, je ne suis pas en train de crier maintenant. »

Vous voyez, « au moins » marche pour tout. Vous n'aimez pas ces mots ? Remplacez-les par tout autre mot ou phrase qui vous permet de voir la situation sous un jour positif. Mon autre choix ? « Je suis heureuse. » « Il y a tant d'éléments déclencheurs… Eh, JE SUIS HEUREUSE de savoir qui je suis et ce sur quoi je dois travailler. »

Peu importe les mots que vous choisissez, le pouvoir du recul reste le même. Est-il toujours facile de prendre du recul quand les choses sont délicates ? Est-il toujours facile de s'arrêter et de dire « au moins » ou « je suis heureuse » pour continuer à avancer ? Non, pas toujours. Parfois, le moment est trop contrariant pour prendre du recul, et même pour le vouloir. Parfois, il me faut du temps. Cela peut prendre trois secondes, trois heures et par moments, trois jours ou même trois mois. Mais quand enfin je prends du recul, je me sens libérée d'un poids. Qu'importe le temps que cela m'a pris ou les efforts que j'ai dû faire. Car, AU MOINS, j'y suis arrivée !

“ **Si tu n'aimes pas quelque chose,**
change-le.
Si tu ne peux pas le changer,
change ton attitude. ”

—Maya Angelou

Les Legos éparpillés par terre sont un élément déclencheur énorme – je déteste marcher dessus ! Cela dit, cette scène me faisait bondir jusqu'à ce que je pense « Eh, au moins, James les a laissés dans une seule pièce ; au moins, il est merveilleusement absorbé par une activité ; et au moins ces « taches » de couleur sont des Legos et pas des taches indélébiles !

Jour 20 : prises de conscience, actions et conseils

La prise de conscience du Rhino Orange :

- **Prendre du recul est un puissant moyen d'éviter de crier.**

Les actions du jour

- **Utilisez la technique « au moins » toute la journée pour désamorcer votre désir de crier.** Si cette expression ne vous plaît pas, trouvez une phrase qui fonctionne.
- **Essayez de l'utiliser aussi pour désamorcer les accès de colère de votre enfant.** Par exemple, quand il se plaint « Maman, il y a une chose verte sur ma pizza… », je réponds « Eh bien, au moins, c'est juste de la sauce et pas une crotte de nez ! Ça aurait pu être dégoûtant ! » Osez être créative, scandaleuse, drôle. Plus vous exagérez, plus ça marche ! Mes enfants ont appris la technique « au moins » et sont parvenus à relativiser leurs propres déceptions. C'est aussi simple qu'efficace !
- **Prenez du recul quant à la façon dont vous relevez ce défi.** Repérez les trois domaines dans lesquelles vous vous êtes le plus améliorée depuis le début du voyage et réalisez que, même si vous n'êtes pas arrivée là où vous le vouliez, au moins vous avez avancé, vous êtes sur la bonne voie !

> **« La vie, ce n'est pas attendre**
> que l'orage passe…
> C'est apprendre à danser sous la pluie ! »
>
> —Vivian Greene

Les conseils du jour :

C'EST COOL	Ne faites rien pendant une minute (plus si vous avez le temps) et regardez vos enfants ; cela me remonte le moral et me donne le recul nécessaire pour savoir ce qui est important.
C'EST CHAUD	Allumez la télévision un peu plus que d'habitude ; un autre dessin animé n'est pas un drame si je suis dans un état dramatique.
C'EST BOUILLANT	Sifflez. Très fort. Cela m'oblige à focaliser sur ma respiration (ce que je n'aime pas faire) et ennuie mes enfants, qui, du coup, font attention à moi.

Jour 21

Rire quand on veut crier : la débâcle des cure-dents en 2013

Là où je dors le mieux, c'est en vacances avec mes enfants... Certainement PAS ! Jamais, pas l'ombre d'une chance ou d'un doute, car dormir est juste impossible. Mes enfants se couchent plus tard, se réveillent plus tôt, je me tourne et me retourne, puis dois me lever plusieurs fois, soit parce qu'ils sont excités de se trouver dans un nouvel endroit, soit parce qu'ils ont peur de se trouver dans un nouvel endroit. Ils ne dorment pas bien, je ne dors pas bien ; ils sont plus tendus, je suis détendue. Encore une fois, certainement PAS. Aux premiers jours des vacances, quand ils se lèvent tôt et que je manque de sommeil, je maugrée pendant deux bonnes heures avant de savourer la journée et oublier que je suis fatiguée. Cela dit, pour ne pas être trop déçue, je m'attends maintenant à passer de mauvaises matinées. Je bois mon café, accompagnée d'une bonne dose d'empathie et de recul, et trouve le moyen de ne pas crier.
Ma mère, cependant, n'est pas habituée aux méchants réveils des vacances, aux manigances « On est tellement excité qu'on saute dans tous les sens ». Pas du tout habituée.
Je n'oublierai jamais le 18 août 2013. Un jour d'hystérie collective. Un jour tellement absurde que je ne peux pas l'inventer. Pff, je n'arrive même plus à écrire en ce moment parce que je ne peux pas m'empêcher de rire en y pensant.

Bref. Aux environs de 6 heures du matin, j'avais finalement laissé les garçons sortir de la chambre d'amis chez mes parents pour descendre. Ils ont dévalé les escaliers, ont sorti les Legos de la cachette de Mamie et ont commencé leur construction tandis que je buvais mon café. Moins de deux secondes plus tard, Riley, le plus grand, le plus fort, le plus exubérant des chiens, un terrier Kerry Blue, est sorti de la chambre de ma mère et, surexcité par la présence des garçons, a sauté dans le bac de Legos, qui se sont donc répandus sur le sol. Les briques ont volé dans les airs comme les larmes qui ont coulé sur le visage des petits bâtisseurs. Edward était tellement en colère qu'il a attrapé Riley par le collier et a ouvert la porte pour le faire sortir. C'était une bonne idée – à la base ! Mais au lieu d'ouvrir la porte donnant sur la cour intérieure, il a ouvert la porte du garage. Andrew avait suivi Edward et, pensant aider son frère pour faire sortir Riley, il a ouvert le garage, permettant ainsi au chien de s'enfuir dans l'immense parc voisin !

Riley s'est échappé en aboyant et en réveillant tout le monde, y compris ma mère. Du calme, les garçons, du calme. Mamie est sortie de sa chambre en chemise de nuit, les cheveux en bataille et les yeux encore mi-clos.

« C'est quoi ce vacarme ? Où est Riley? », aboyait-elle.

« Euh, Maman, c'est Riley. Il est sorti malencontreusement. J'ai essayé de l'appeler mais il ne revient pas... », ai-je répondu, moi aussi à moitié endormie.

« Les enfants, ramassez ces Legos pendant que je fais chercher Riley », a-t-elle dit plus doucement.

« D'accord, Mamie. »

Ils ont rangé rapidement car je leur avais déjà demandé de commencer. Riley, bien sûr, est rentré mais fut enfermé dans une chambre pour éviter une autre explosion de Legos. Les garçons étaient maintenant très énervés contre le chien qui s'était échappé et après lequel ma mère et moi avions couru comme des folles, alors j'ai essayé de les détendre en commençant une activité supposant calme et concentration.
Parce qu'ils avaient l'air tranquille et absorbé par un puzzle, j'ai pensé qu'il était possible de courir aux toilettes. Je me trompais cruellement. Alors que j'étais dans la salle de bain depuis une éternité (quelques trente secondes, peut-être soixante ?) mes garçons ont abandonné le puzzle et foncé sur le gadget préféré de Grand-Père (et aussi le leur) : un distributeur de cure-dents en forme d'oiseau. Lorsque vous appuyez sur le bec, sort un cure-dent. Et, comme j'allais rapidement l'apprendre, lorsque vous appuyez dessus encore et encore (un jeu évidemment très amusant), volent beaucoup de cure-dents !
À peine sortie de la salle de bain, j'ai été piquée « Aïe ! »

« Je viens de marcher sur quoi ? », ai-je demandé fermement.

J'ai jeté un œil au tapis tout neuf de mes parents et l'ai vu criblé d'une trentaine de cure-dents.

« Qu'est-ce que... ? C'est à Grand-Père. Remettez l'oiseau à sa place tout de suite ! », ai-je dit, un peu plus fermement.

« Mais, Maman, nous faisons un piège pour Riley, comme ça, s'il essaye de sortir encore, il tombera sur les cure-dents », ont-ils répondu innocemment.

Je devais l'admettre, c'était le genre de plan ingénieux qui pouvait apaiser une envie de hurler.

« Un 10/10 pour le design et la créativité, mais pas pour l'utilisation de quelque chose sans demander. Rangez ça maintenant, s'il vous plaît. »

Pendant ce temps-là, ma mère était entrée dans la salle de bain par l'autre porte, complètement inconsciente qu'une grande frappe de cure-dents l'attendait de l'autre côté. Eh bien, quand elle est sortie et a marché sur l'un des cure-dents encore à terre, elle a commencé à crier.

« LES GARÇONS ! Ce qui est... »

Elle a été rapidement interrompue par des « BIP, BIP, BIP », un signal sonore si fort que nous avons tous eu envie de crier. Edward et Andrew se sont couvert les oreilles et j'ai couru vers James et Mac, pensant que l'alarme-incendie s'était déclenchée et que devions tous sortir immédiatement. James s'était réfugié dans un coin tellement il avait peur du bruit. Mais Mac... Mac avait disparu en deux minutes, lors de la débâcle des cure-dents. J'ai couru au premier et l'ai trouvé assis à côté du détecteur de monoxyde de carbone. Il était paralysé par la peur.
Il répétait « Bouton, bouton. » Oui, il avait appuyé sur le bouton du détecteur qui s'était mis en marche. J'ai vite essayé d'arrêter l'alarme, parce que si j'étais parvenue à rester calme avant, là je ne l'étais plus du tout. Vraiment plus. Limite « *Tu te fous de moi ?* » Je n'ai pas eu de chance. Je n'ai pas réussi à désactiver le détecteur.
Et puis, le téléphone a sonné.

« Allo ? C'est le service de sécurité. Y a-t-il un feu ? », a demandé quelqu'un.

Crier ne règlera rien ; tu seras énervée, c'est tout. Mieux vaut rire.

« Non ! », a dit ma mère. « Mon petit-fils de deux ans a appuyé sur un bouton. Comment arrêter ça ? Le bruit effraye les enfants, ils pleurent et ils crient. Il faut désactiver l'alarme maintenant ! »

« Vous devez entrer votre code, Madame. »

« Et m**de ! Je ne connais pas le code et mon mari est à l'étranger. Il n'est même pas 4 heures du matin là-bas. Il ne se réveillera pas. Il y a un autre moyen ? »

« Non. Vous devez saisir le code ou les pompiers arrivent. »

Ma mère a essayé de joindre mon père. Pas de réponse. J'ai entré tous les codes que mon père utilisait lorsque nous étions enfants. Rien n'a fonctionné, et les enfants devenaient hystériques. Jusqu'à ce que... ding, dong.

« Mamie, il y a quatre pompiers dehors », a déclaré James, surexcité.

À la minute où ils ont mis les pieds dans la maison, bien sûr, l'alarme s'est arrêtée. J'avais enfin réussi ! Sur le moment, je me suis sentie comme Superwoman, mais avec 5 minutes de retard. Les gars ont serré la main des enfants et les ont laissés monter dans le camion de pompiers. Tout allait bien. Ma mère et moi avions trois minutes de répit, nous allions nous en sortir. Jusqu'à ce que...

Nous sommes tous rentrés à la maison, et James et Edward étaient tellement excités qu'ils ont jeté leur doudou en l'air... dans le lustre qui pendait si haut que seulement une échelle pouvait l'atteindre. J'ai pensé « *Non mais ? Vous vous fichez de qui ? Après toutes les bêtises que vous avez faites ce matin alors qu'il n'est même pas encore 7 heures ? Maintenant, il faut que je sorte une échelle ? Eh bien, non.* » Je respirais par le nez pour éviter de hurler, mes narines ressemblant à celles du dragon préféré de mon fils. Oh, je voulais moi aussi cracher du feu !

Ma mère, elle, avait du mal à garder son calme. Elle a commencé à crier mais j'ai posé ma main sur son bras et lui ai dit « Maman, parfois, il faut juste en rire. Vas-y. Éclate de rire. Que faire d'autre en ce moment ? Mieux vaut rire. En outre, il faut l'admettre, tout cela est un peu drôle ! Allez, tu souris déjà ! Tu devrais te détendre parce que cette semaine de « vacances » va être folle ! »

Et elle s'est mise à rire. Et j'ai ri moi aussi. Et c'était génial, tellement mieux que de crier ! Rire toutes les deux nous a calmées et m'a permis d'expliquer calmement (donc avec des mots clairs et compréhensibles) à James et Edward que les doudous resteraient là où ils avaient atterri pour la journée, car ils savaient qu'ils n'avaient pas le droit de lancer des objets vers le lustre.

Ce soir-là, je suis allée me coucher avec un grand sourire. Je ne pouvais pas m'en empêcher. La journée avait été totalement incontrôlable et folle, mais totalement incroyable aussi, parce que j'avais choisi de rire au lieu de craquer.

Jour 21 : prises de conscience, actions et conseils

Les prises de conscience du Rhino Orange

- Rire apaise la colère et oblige à prendre du recul.
- Anticiper, accepter et donc accueillir le côté un peu fou de ma vie, au lieu d'essayer de le combattre ou de le changer, me donne beaucoup plus d'énergie et de patience pour ne pas hurler dans les situations un peu folles.
- « Le n'importe quoi fait partie intégrante de la vie. » Voilà la réponse d'une enseignante après que je lui ai envoyé cet e-mail « Je suis navrée mais je dois encore décaler notre rendez-vous, c'est n'importe quoi ! » Et, je veux vous entendre dire BIEN SÛR à une telle évidence !

Les actions du jour

- **Riez quand vous voulez crier.** Ou faites semblant. L'adage « Souriez si vous êtes de mauvaise humeur et vous vous sentirez plus heureux » s'applique très bien au rire.
- **Participez au n'importe quoi – vous pourriez trouver cela amusant.** Construisez un fort en cure-dents. Sautez avec vos enfants. Jetez des choses en l'air pour voir si elles vont atterrir dans un lustre. Racontez des histoires drôles à vos enfants et demandez-leur de vous en raconter. Faites un repas à l'envers. Osez quelque chose d'absurde (et s'ils vous habillaient avec leurs vêtements ?) Amusez-vous avec eux ! Cela m'aide toujours à me détendre et être dans de meilleures dispositions pour ne pas crier. **De plus, ce temps supplémentaire avec mes garçons augmente leur volonté de m'écouter lorsque cela est nécessaire.**

> « **Il est impossible d'être en colère** et de rire en même temps. La colère et le rire s'excluent l'un l'autre, vous avez la liberté de choisir. »
>
> —Wayne Dyer

Les conseils du jour :

C'EST COOL	Prenez une profonde respiration, ou deux ou trois. Quand vous respirez, vous ne criez pas !
C'EST CHAUD	Chatouillez l'enfant que vous voulez disputer. Le rire est bon pour la santé, plus que le calcium, à mon avis.
	Demandez à vos enfants de mettre leur nez sur leur genou. C'est une distraction amusante, qui marche très bien en voiture.
C'EST BOUILLANT	Frappez des poings sur la poitrine comme un gorille. Essayez de rester stoïque alors que vous vous sentez ridicule. Mieux encore, faites-le en public.

> **« Une journée sans rire est une journée perdue. »**
>
> —Charlie Chaplin

Jour 22

S'avouer que crier ne sert à rien : … et je me suis effondrée pour pleurer

J'ai écrit ce qui suit quelques semaines après le début du défi, alors que j'avais tenu dix jours sans crier mais que j'avais du mal à rester sur la bonne voie. Je ne l'ai jamais partagé parce que je n'en avais pas le courage. Je ne me sentais pas encore prête à me montrer si vulnérable, je ne voulais pas vraiment que la prise de conscience de mon problème devienne réelle. Et la partager publiquement l'aurait rendue extrêmement réelle. J'ai donc caché ce post et n'ai plus jamais voulu regarder en arrière et y relire la douleur. Jusqu'à aujourd'hui. La bonne nouvelle est que le relire aujourd'hui n'engendre pas de douleur mais le soulagement et la joie d'avoir changé.

Le 3 février 2012.

Ce matin, Andrew a accidentellement heurté la création en Legos de James, une création qui était parfaitement symétrique, une création qui avait été parfaitement planifiée et une création qui rendait James parfaitement occupé et heureux. Il a immédiatement explosé et a bondi, prêt à attaquer Andrew. Seulement, c'est moi qu'il a accidentellement attaquée. Touchée durant la bagarre, j'ai reçu un coup de coude au visage. Ça faisait mal.
J'ai immédiatement explosé à mon tour, bondi et crié « C'est quoi votre problème ? Pourquoi ne pouvez-vous pas rester tranquilles ? » J'ai jeté un œil à James, à ses larmes et à sa création en mille morceaux et me suis ressaisie.
Je me suis penchée vers mon fils qui gisait sur le sol et l'ai pris dans mes bras.
Et il s'est juste effondré. Et je l'ai serré fort.
Et je l'ai bercé.
Et pour la première fois, j'ai pleuré avec lui.
*J'ai pleuré pour lui. J'ai pleuré pour moi. J'ai pleuré pour nous deux parce que je savais qu'on était malheureux tous les deux de cette nouvelle crise. James m'a serrée fort et m'a laissée le tenir dans mes bras et l'aimer. Cela faisait longtemps qu'il ne m'avait pas laissée faire ça – un câlin donc. Et cela faisait longtemps que je ne lui avais pas fait ça – un câlin donc. Je ne lui en avais pas fait depuis des lustres parce que, malheureusement, j'étais trop occupée à être en colère et contrariée par ses crises à répétition pour m'arrêter et le prendre dans mes bras. De qui je me moquais ? **J'étais trop occupée à crier après lui, à me fâcher pour qu'il ait honte et qu'il se ressaisisse, et je n'avais pas été capable de le relever et de l'aimer.***

À ce moment-là, alors qu'il frottait mon dos et que je frottais le sien, alors qu'il pleurait sur mon épaule et que je pleurais sur la sienne, je sentais un lien aussi fort que celui qui avait suivi sa naissance. Je voulais le tenir dans mes bras pour toujours. Je voulais lui dire que, promis, tout irait bien,

Je vais vous avouer quelque chose. M'arrêter, l'aimer et ressentir sa douleur étaient beaucoup plus gratifiants que crier après lui et lui faire plus de mal encore.

que les crises passent toujours avec le temps.

Vous voyez, James a, comme moi, une sensibilité exacerbée. Il a cette même sensibilité pour le bruit, le toucher, les odeurs et le goût. Nous venons de diagnostiquer ce mal et j'ai le cœur brisé. Cela me brise le cœur parce que j'ai peur qu'il connaisse ce chemin long et difficile que j'ai moi-même emprunté quand j'ai commencé à comprendre et à gérer mes problèmes sensoriels. Cela me brise le cœur parce que, même si je sais qu'être un enfant « sensationnel » apporte beaucoup de joies, comme celle de ressentir l'océan et d'entendre son immense paix, je connais aussi les combats auxquels il sera confronté, comme ne pas jeter la nourriture si elle a mauvais goût, ne pas se tirer les cheveux quand il fait trop chaud, ne pas crier alors qu'on est complètement submergé par l'environnement. Et cela me brise le cœur parce que j'ai l'impression, en quelque sorte, que c'est de ma faute, parce que je veux juste crier « Saleté d'ADN ! Pourquoi as-tu transmis ma faiblesse à un gentil petit garçon ?! Pourquoi ne lui as-tu pas seulement donné les bonnes choses ? Les belles qualités ? Pourquoi lui as-tu offert des difficultés ?! »

Mais, à l'heure actuelle, je ne suis pas simplement en colère parce que James a les mêmes difficultés que moi ; je suis aussi en colère contre moi. Je suis en colère contre moi car pendant des années j'ai crié sur lui à cause d'un comportement qu'il essayait de contrôler sans succès parce qu'il n'avait pas encore les outils, parce que nous n'avions pas encore pris conscience de son besoin d'être aidé. J'ai crié sur lui parce qu'il criait sur moi, qu'il pleurait sans cesse, pour exprimer son malaise. J'ai crié sur lui parce qu'il refusait de goûter des plats qui lui donnaient envie de vomir. J'ai crié sur lui parce qu'il se bagarrait avec ses frères simplement parce qu'ils se trouvaient trop près de lui. J'ai crié des choses désagréables comme « Pourquoi tu ne te calmes pas ? » alors que je l'entendais sangloter « Je ne sais pas, Maman. Je ne veux pas être méchant. Je ne suis pas vraiment méchant. C'est juste tout ce bruit, je deviens fou. J'ai besoin de calme. »

Oups.

Oh, comme j'ai préféré crier plutôt qu'entendre ce dont il avait besoin. J'ai crié en pensant que cela allait fonctionner, que cela arrêterait cette folie. Ou plutôt, en ne pensant pas. ***Parce que si j'avais réfléchi, j'aurais su que crier ne fonctionnait pas, que cela n'avait jamais mis un terme aux moments difficiles mais les avait aggravés.*** *Cela faisait pleurer James plus*

Crier après James faisait littéralement empirer les choses. Le tenir dans mes bras, l'écouter, reconnaître ses sentiments, cela, CELA améliorait les choses. Les améliorait beaucoup. Les améliorait instantanément.

fort et plus longtemps, parce que l'intensité de mes cris ne se contentait pas de le blesser, mais réveillait ses sentiments déjà fragiles pour une nouvelle attaque.

Désormais, je ressens moins de colère contre lui et je sais qu'il en est de même, de son côté. Et je ressens moins de colère contre moi. L'espoir revient parce que je sais désormais comment l'aider. C'est un tel soulagement tant l'âme de James est belle. Je dois la nourrir, l'accueillir et non pas la détruire. Je sais que mes cris détruisent lentement son cœur bienveillant, et je ne vais pas laisser cela se produire. Je le refuse. ***Je ne laisserai pas ma colère réduire au silence l'amour qu'il porte au monde.***

Je ne laisserai pas ma colère réduire à néant son cœur immense, sensible, empathique, ce cœur qui dit « Maman, ça doit être dur d'avoir quatre enfants. » Ce cœur qui dit « Maman, j'entends les sirènes, j'espère que tout le monde va bien. » Ce cœur qui m'a dit lorsque nous avons cessé de nous étreindre « Maman, je t'aime. Merci d'avoir arrêté de crier. »
De rien, James. De rien. Je te promets que tout ira bien. C'est certain.
Tout ira vraiment, vraiment bien ; je le pense et je le crois.

Ce jour-là m'a aidée à me remettre sur les rails. Je n'ai pas disputé James depuis, et il se sent tellement mieux. Il réussit, ce qui n'est pas une surprise. Il gère ses difficultés sensorielles (pour l'essentiel) et c'est un enfant sensationnel. Et cette fois je ne parle pas de ses sens, je dis que c'est un être purement et simplement génial.

Jour 22 : prises de conscience, actions et conseils

Les prises de conscience du Rhino Orange

- Crier ne fonctionne pas. **Sauf en cas d'urgence.** Point.
- Quand on me hurle dessus, je ne comprends pas ce que l'on me veut, donc je ne fais pas ce que l'on me demande, surtout si je n'ai aucune envie de le faire.
- C'est pareil pour les enfants. Ils ne peuvent pas m'entendre si je hurle. Si je veux les éduquer, je dois parler calmement, de façon à ce qu'ils comprennent ce que j'ai à dire.
- Plus je criais, plus ils faisaient la sourde oreille. En évitant de hurler, sauf en cas d'urgence, mes cris reprennent du sens et deviennent efficaces. (Dans ces cas-là, un simple STOP, clair et concis, suffit.)

Les actions du jour

- **Dites-vous que crier ne sert à rien.**
- **Interrogez-vous « Que se passe-t-il quand mes enfants me demandent quelque chose en hurlant ? »** Ai-je alors envie de les aider ? D'être gentille ou en colère ? Est-ce productif ? Est-ce que ça arrange ou ça aggrave la situation ? Réfléchissez à vos réponses, en sachant que vos enfants auraient probablement répondu comme vous. D'ailleurs, pourquoi ne pas leur demander ?
- **Maintenant, interrogez-vous « Que se passe-t-il quand je leur demande quelque chose en hurlant ? »**
    - Est-ce que ça fonctionne ?
    - S'ils obtempèrent, pourquoi ? Parce qu'ils ont peur ? Parce qu'ils sont habitués à attendre les cris pour obéir ?
- **Si vous pensez que crier est la meilleure façon de se faire obéir, pensez à trois autres alternatives.** Les miennes seraient 1) me mettre à leur hauteur et les regarder droit dans les yeux, 2) avoir un contact physique quand je leur parle, et 3) leur demander de répéter ce que je viens de dire.

- **Regardez-vous dans le miroir (je sais, c'est dur) et interrogez-vous « Ai-je été suffisamment clair dans ma demande ? Ai-je parlé de façon à ce qu'ils puissent m'entendre ? »** Je suis tellement coupable de les avoir sollicités alors qu'ils étaient en plein milieu d'un jeu ou loin de moi. Deux obstacles à cela : ils sont absorbés donc incapables de focaliser ; et je ne suis pas assez proche pour qu'ils prêtent attention. Je dois d'abord les arrêter avant de formuler ma demande.

> **« Des mots aimables peuvent être courts** et faciles à dire, mais leur écho est vraiment infini. »
>
> —Mère Theresa

Les conseils du jour :

C'EST COOL	Buvez à l'aide d'une paille orange tout au long de la journée pour vous souvenir de cette couleur chaleureuse. Bonus : boire beaucoup d'eau vous fera du bien.
C'EST CHAUD	Marchez en crabe pour divertir vos enfants et faire de l'exercice. Pour un plaisir partagé, faites la course tous ensemble. Vos enfants gagneront, vous tomberez certainement et vous oublierez la colère. (Pour marcher en crabe, mettez les mains derrière le dos, pliez les genoux et... partez !)
C'EST BOUILLANT	Criez dans le placard de la cuisine dans les cas désespérés. La vaisselle n'a pas de sentiments, les enfants, si.

Jour 23

Parler tout haut : « Maman a peur »

Pendant mon enfance, les gens se moquaient souvent de mon émotivité, de mes pleurs, de mes réactions exagérées, de ma façon de prendre les choses personnellement. Alors, à l'adolescence et au début de ma vie d'adulte, lorsque je rencontrais quelqu'un, y compris mon mari, j'essayais de ne pas en faire « trop » pour éviter les moqueries, encore vives et douloureuses. Je gardais pour moi mes sentiments profonds pour ne pas apparaître comme quelqu'un de problématique, pour que les autres ne se détournent pas, pour que trouver et garder des amis ne soient pas trop difficiles.

Je suis devenue une experte pour cacher mes émotions (d'accord, un genre de robot très froid). Je pouvais comprendre les émotions des autres mais faisais de mon mieux pour qu'ils ne connaissent pas les miennes. Je faisais de mon mieux pour dissimuler mes sentiments, tout au fond de mon cœur, pour que les autres n'y aient pas accès et ne me jugent pas. Mon plan a parfaitement fonctionné jusqu'à ce que je devienne maman et que je vive des expériences si fortes que je ne pouvais plus cacher ma joie, ma fierté, mon amour. Je ressentais une urgence à exprimer et partager ce que j'éprouvais pour mes enfants, et je l'ai fait. J'ai juste pris soin que cela reste entre mon mari et mes garçons.
Mais je continuais de garder pour moi les autres émotions, les plus « noires », toujours par crainte d'être moquée. Mon plan a de nouveau fonctionné jusqu'à ce que je devienne un Rhino Orange et que je comprenne que taire toutes mes peurs, mes frustrations et mes déceptions à propos des enfants, comme taire toutes mes peurs, mes frustrations et mes déceptions à propos de la vie, eh bien, cela ne me faisait aucun bien. Cacher mes sentiments par crainte d'être jugée se retournait contre moi. **En refusant d'exprimer mes émotions, je renforçais les plus négatives d'entre elles jusqu'à ce qu'elles deviennent trop fortes, jusqu'à ce qu'elles deviennent des cris.**

Donc, garder pour moi ce que je ressentais n'était plus possible si je voulais être un Rhino Orange. Je me suis efforcée d'apprendre à parler de moi, le vrai moi. J'ai commencé par me parler davantage à moi-même, à m'autoriser à ressentir de nouveau, à pleurer de nouveau, puis j'ai commencé à parler avec mes amis, avec ma famille. Enfin, j'ai commencé à parler à la communauté des Rhinos Orange, et, incroyable ! je me sentais bien. Je me sentais bien d'être de nouveau moi-même, de n'avoir rien à cacher. Je me sentais bien de ne plus avoir peur ; de ne plus avoir à taire mes tensions et mon anxiété. Et je me sentais bien parce que cette ouverture m'aidait à arrêter de crier.

Au fur et à mesure que je comprenais l'intérêt de partager mes sentiments, je ne pouvais pas m'empêcher de réfléchir à toutes ces fois où les garçons cassaient, tapaient, hurlaient, mordaient, cognaient, pinçaient, crachaient et autres, pour exprimer leur colère et leur frustration. Face à ces situations, je réagissais toujours de la même façon « Utilise des mots, pas tes mains. Dis-moi ce qui se passe. » Sauf qu'ils avaient du mal à utiliser des mots, pas seulement parce qu'ils étaient enfants et qu'ils ne savaient pas comment, mais aussi parce que je ne leur avais pas montré comment. Je leur avais simplement montré comment garder pour eux leurs sentiments et les crier quand ils devenaient trop forts.

Alors, j'ai commencé à partager mes sentiments avec eux, de façon appropriée. Je voulais que mes garçons sachent que l'expression des émotions était une bonne chose, une chose importante à faire, une chose nécessaire à faire. **Et je voulais qu'ils comprennent que parler de ses sentiments et les identifier était une excellente alternative aux cris**. Heureusement – ou malheureusement, tout dépend – j'ai eu beaucoup d'opportunités pour faire la démonstration de cette leçon pendant le défi.

Mac avait à peine quatorze mois quand il a eu sa première crise de convulsions. Quelques nuits après Noël, il a connu la troisième et la pire d'entre elles. Après avoir couru aux urgences pour lui donner de l'oxygène, tout ce dont je me souviens, c'est des paroles du médecin : « Service de neurologie. Et vite. Épilepsie ou tumeur au cerveau. Allez-y dès demain. » Donc nous y sommes allés « dès demain ». La consultation de neurologie ne s'est pas mal passée, mais pas bien non plus. Le médecin a confirmé que l'origine des convulsions n'était pas une tumeur au cerveau mais qu'une hospitalisation de trois jours était nécessaire pour exclure également un problème au lobe temporal. En se référant à la vidéo que j'avais prise pendant les convulsions (ne me demandez pas comment j'avais pensé à filmer dans des circonstances pareilles), il pensait plus à une épilepsie qu'à une tumeur, toujours est-il que j'ai quitté son bureau tétanisée par la peur.

Exprimer mes sentiments au lieu de les garder pour moi m'a permis de rester calme et en lien avec mes garçons pendant cette semaine difficile, et le plus important, cela m'a évité de crier.

J'avais tellement peur que, quand je suis rentrée à la maison et que les garçons, nerveux, m'ont sauté dessus, je n'avais plus envie d'être un parent. Je n'avais plus envie d'être responsable. J'avais juste envie de pleurer. Et pleurer. Et pleurer. J'avais envie d'avoir peur et d'être triste. Je n'avais pas envie de gérer toute l'énergie de mes enfants, toute cette excitation qu'ils avaient accumulée pendant mon absence, toute la peur qu'ils éprouvaient pour Mac. Mais, en même temps, je voulais aussi être là pour eux. Je voulais les serrer dans mes bras, les aimer et ressentir toute leur bonté. J'étais donc en conflit avec mes émotions : je voulais à la fois me cacher mais aussi être là. Et cette confusion écrasante me donnait réellement envie de hurler pour qu'ils arrêtent de courir et de me sauter dessus.

Alors, j'ai fait ce que je savais devoir faire, ce que le Défi Rhino Orange m'avait forcé à faire : j'ai parlé de mes sentiments et je leur ai raconté ce que Maman éprouvait.

> « Bonjour, les garçons. Je suis très heureuse de vous voir, moi aussi. Je vous aime tellement. Écoutez. Voilà ce qui se passe. Maman a eu une longue journée avec le bébé. Vous m'avez beaucoup manqué mais Maman est fatiguée, un peu stressée et elle a peur.

Donc, j'ai besoin que vous m'aidiez. J'ai besoin que vous alliez au garage si vous voulez faire du bruit ou que vous restiez tranquilles ici si vous préférez jouer. Je suis de mauvaise humeur lorsque je suis stressée et je ne veux pas devenir méchante avec vous. Je veux vous aimer. Pouvez-vous m'aider ? »

Ça a marché. Partager mes émotions a marché le jour du rendez-vous chez le neurologue et les jours suivants. Savez-vous ce qui a marché aussi ? Pleurer. J'ai pleuré ce matin-là quand mes enfants ont exprimé leur colère vis-à-vis de Mac qui accaparait toute mon attention depuis les convulsions. Je ne pouvais pas m'en empêcher. Mais vous savez quoi ? Cela ne m'a pas gênée. Et ça ne me gêne toujours pas parce que, si je veux apprendre aux garçons à gérer leurs émotions, je dois exprimer toutes les miennes, même les plus négatives, les plus inconfortables, devant eux. Oui, j'en filtre certaines pour que mes paroles restent appropriées mais je m'efforce de dire ce que je ressens plutôt que de crier, afin qu'ils fassent la même chose quand ils sont en colère.

Parfois, je reviens en arrière et éprouve encore cette peur d'en faire « trop ». Et puis je repense à toutes ces fois où exprimer mes sentiments m'a empêchée de crier, où mes enfants ont préféré dire plutôt que taper, et je crois alors que peut-être, oui, j'en fais « trop » mais que cela m'aide à rester calme et mesurée. Les seuls moments où on en fait vraiment « trop », c'est quand on crie.

Jour 23 : prises de conscience, actions et conseils

Les prises de conscience du Rhino Orange

- Garder pour moi ce que je ressens ne me fait pas du bien ; je dois l'exprimer pour éviter de crier.
- Identifier mes sentiments au lieu de crier favorise l'empathie de mes enfants quand je suis énervée/triste/stressée ; cela les aide aussi à comprendre et gérer les leurs (ce qui diminue les crises !)
- Il n'y a aucune honte, mais un grand courage, à ressentir et partager ses émotions.

Les actions du jour

- **Parlez tout haut, exprimez vos émotions.** Entraînez-vous à les partager, les bonnes comme les mauvaises. Dites quand vous êtes heureuse, enthousiaste, fière, pleine d'amour. Dites quand vous êtes fatiguée, affamée, stressée. Dites quand vous êtes en colère, triste ou inquiète. Parlez de vos émotions surtout lorsque vous voulez crier. Parlez, ne hurlez pas.
    - Si vous êtes en colère contre un enfant, veillez à dire « Je », et concentrez-vous sur le comportement et non l'enfant, car cela aurait l'effet inverse. « Je suis fâchée parce qu'il y a des jouets partout par terre » et non « Je suis en colère contre toi parce que tu n'as pas ramassé tes jouets. »
    - Si, au début, vous avez du mal à parler à haute voix, écrivez vos sentiments et, si c'est possible, lisez-les à quelqu'un. C'est un excellent exercice si vous n'êtes pas satisfaite de vos progrès.
- **Jouez aux charades avec vos enfants.** Dans les bons jours, quand tous les feux sont au vert, apprenez à deviner vos émotions mutuelles. Ce n'est pas un jeu formel ; faites simplement grimacer vos enfants et devinez ce qu'ils ressentent. Puis, inversez les rôles.
- **Invitez vos enfants à dessiner des émotions.** S'ils sont trop jeunes pour parler et comprendre quand ils sont en colère, donnez-leur un stylo et du papier et demandez-leur de dessiner ce qu'ils ressentent. Chez nous, c'est un GRAND classique. Parfois, ils gribouillent avec colère, mais cela suffit à les en libérer un peu. Et cela fonctionne pour les adultes, soit dit en passant…

> **« Ne vous inquiétez pas que vos enfants**
> ne vous écoutent jamais ;
> inquiétez-vous qu'ils vous observent toujours. »
>
> —Robert Fulghum

Les conseils du jour :

C'EST COOL	**Le truc Rhino Orange :** Mangez une carotte ou une pomme, quelque chose de dur et de croquant pour croquer votre stress.
C'EST CHAUD	Choisissez quelques M&M's orange ; le chocolat met toujours de bonne humeur.
C'EST BOUILLANT	Pleurez. Oui. Pleurez. Montrez à votre enfant combien vous êtes contrariée. Cela favorise son empathie et change son comportement, et vous vous sentirez bien mieux.

7

Trouver du réconfort dans les moments de colère

« **Parlez quand vous êtes en colère**
et vous ferez un beau discours
que vous ne manquerez pas de regretter »
—Ambrose Bierce

Regardez attentivement le nom « Rhino Orange ». Voyez-vous ce qui s'y cache ? Quelle allusion ! Je ne l'avais pas aperçue non plus en choisissant mon surnom, ce qui est plutôt ironique car c'est exactement ce que je ressens juste avant de crier. Vous ne voyez toujours pas ? Et maintenant : orANGERhino. Anger, la colère en anglais. C'est fou, non ?! Oui, la colère se cache dans mon surnom, ce qui est irréel parce que tout ce défi consiste à découvrir les facteurs qui se cachent derrière ma colère, et à découvrir comment la gérer. Ce chapitre vous explique mes cinq astuces pour trouver du réconfort afin d'éviter un long discours que je ne manquerai pas de regretter. Cependant, avant de poursuivre votre lecture, je vous offre un nouvel acronyme, créé pour vous aider à vous souvenir des moments où vous devez chercher du réconfort ; j'espère que vous le trouverez utile.
A.N.G.E.R. est l'acronyme de :

Agacée

Négative

Grincheuse

Exaspérée

Rageuse

J'utilise ce qui précède comme une échelle pour évaluer mon attitude. Si je suis agacée mais ne change en rien d'attitude, je passe au niveau N et deviens négative. Si je ne révise toujours pas mon attitude, je me montre grincheuse. Je sais que si j'arrive à ce niveau G, j'ai immédiatement besoin de trouver du réconfort, sinon je vais vite passer à l'exaspération, puis à la rage.
Vous trouverez dans les pages suivantes de quoi rester en-dessous du niveau G et vivre des moments inoubliables !

Jour 24

Se remémorer ce qui arrive quand on ne crie pas : « Maman, tu m'aimeras encore quand je serai au ciel ? »

Au 107e jour de mon parcours, j'ai vécu la plus étonnante des révélations du type « Wow ! Je ressens tellement de gratitude pour le Rhino Orange. » Cette nuit-là, j'ai écrit l'histoire suivante sur mon blog :

> *Comme je vous l'ai précédemment raconté, j'adore mes enfants mais, au moment de les coucher, je suis fatiguée. Je suis prête à border tout le monde, à donner à chacun un dernier baiser et un câlin, puis à fermer toutes les portes et redescendre pour me détendre. Après 20h15, si j'entends des petits pieds se faufiler, Maman s'énerve. Malheureusement (ou heureusement ?), je ne peux plus m'énerver à cause du Rhino Orange. Je n'ai plus le droit de crier, comme d'habitude dans de telles situations. Ce soir, j'ai été mise au défi de ne pas crier. Oh, mais j'ai réussi. Ce soir, j'ai tenu ma promesse. Oh, comme j'ai pleuré.*
>
> *Je venais de m'installer sur le canapé un bon verre de vin à la main en attendant leur papa qui ne devait pas tarder. Je me délectais d'une pensée profonde « C'est tellement bien. Tout est si calme. » depuis moins de dix secondes quand j'ai entendu des pas marcher lentement dans le couloir vers l'escalier. J'ai vite su qu'ils appartenaient à… James. Mon chéri, mon doux James adore se faufiler dehors et essayer de nous convaincre qu'il a besoin d'un autre câlin, d'un verre d'eau ou de cinq minutes supplémentaires pour regarder les images de son livre préféré et s'endormir. BIEN SÛR.*
>
> *Très doucement, j'ai posé mon verre de vin, avec un calme feint car j'avais plutôt envie de le jeter dans la cheminée. J'étais agacée. Disons que la semaine avait été looooongue. Cette maman-là était fatiguée. Entre les réunions, les fêtes d'anniversaire, les sorties scolaires, les rendez-vous chez le médecin et les évaluations imprévues pour deux de mes garçons, j'avais juste besoin d'un moment pour décompresser. Je n'avais aucune envie de jouer à ce jeu-là avec James. Mon réservoir de patience était vide. Mon réservoir d'empathie était vide. Seul mon verre de vin était plein, et clairement j'allais devoir attendre pour le vider. J'ai rassemblé le peu de maîtrise que j'ai trouvé et me suis dirigée vers l'escalier.*
>
> *James savait que j'allais venir ; en m'entendant monter l'escalier, il a déguerpi en vitesse. Ses petits pas si doux quelques instants auparavant s'étaient transformés en une course folle ; tous ses efforts pour ne pas être surpris se sont envolés quand il a par inadvertance CLAQUÉ sa porte. Si j'étais jusque-là énervée, j'étais maintenant très agacée de peur que le bruit ne réveille ses frères. J'ai attrapé la poignée et ai vivement ouvert la porte de sa chambre. Je voulais crier « Tu retournes dans ton lit ! MAINTENANT ! »*

Mais avant même de pouvoir ouvrir la bouche, j'ai jeté un œil à son visage. Son regard disait « Maman, ne crie pas contre moi. Quelque chose ne va pas, et c'est pour ça que je ne peux pas dormir. » Je me suis dirigée vers son lit en prenant de profondes, de longues respirations, si fortes qu'elles auraient pu réveiller ses frères. Je fulminais encore même si la voix de mon fils avait désamorcé l'envie de crier. Alors que j'allais débuter mon sermon du coucher, la voix timide, ennuyée et chevrotante de James s'est élevée « Maman, m'aimeras-tu encore quand je serai au ciel ? » (Euh, oups, je ne m'attendais pas à cela.) J'avais les larmes aux yeux « Oui, bien sûr. Je t'aimerai toujours. »
« Mais, Maman, tu m'aimeras même si tu es au Paradis ? »
« Oui, bien sûr. Je t'aimerai encore et encore. Pour toujours. »
« Parce que tu as un grand cœur, Maman ??? »
« Oui et parce que je t'aime énormément. Je n'arrêterai jamais de t'aimer. »
« D'accord. Je t'aime, Maman. »
« Moi aussi, je t'aime. »
Il s'est alors retourné et a fermé les yeux. Entendre « Moi aussi, je t'aime » était tout ce dont il avait besoin pour s'endormir.

Je l'ai de nouveau bordé, lui ai fait un autre baiser, un autre câlin, je ne voulais pas mettre fin à ce moment. Je voulais qu'il dure pour toujours. Je voulais tenir James dans mes bras pour toujours, pour qu'il sache que je l'aime, pour qu'il s'apaise, pour que je m'apaise. La simple pensée qu'il puisse aller au ciel avant moi me brisait le cœur. La simple pensée qu'il puisse s'en soucier me brisait le cœur.

En quittant sa chambre, j'ai pleuré. J'ai pleuré à cause de l'innocence de notre conversation. J'ai pleuré à cause de la peur que cette conversation puisse devenir réelle un jour. J'ai pleuré parce que je l'aimais si fort. Et j'ai pleuré parce que j'étais heureuse d'avoir eu cette conversation, et que je n'avais pas crié.

Tout ce dont James avait besoin était que je l'écoute et lui dise « Je t'aime » une fois de plus. Je ne peux pas imaginer comment cela se serait passé si, en ouvrant la porte, j'avais commencé à crier comme d'habitude. Oh, attendez, si je peux. Il aurait commencé à brailler. Il m'aurait fallu une demi-heure pour le calmer. Et puis, il se serait endormi bouleversé et toujours soucieux de savoir si je pouvais l'aimer pour toujours. Au lieu de cela, nous avions réussi à partager un moment magnifique.
Alors oui, éviter de hurler en vaut la peine. Parce qu'en restant calme, j'avais pu partager ce moment avec mon fils. Et je ne l'oublierai jamais. Jamais.

À ce moment-là, j'ai réalisé combien de moments et conversations remarquables j'avais ratés en étant trop occupée à hurler.

Et je ne l'ai jamais oublié. Il est impossible d'oublier cette histoire, parce qu'elle est belle, mais aussi parce qu'elle a eu un impact profond sur ma vie. Après avoir arrêté de pleurer et regagné mon canapé, j'ai recommencé à pleurer, cette fois plus intensément. Combien de fois mes enfants avaient-ils eu besoin d'entendre « Je t'aime » et avaient obtenu « CALME-TOI » à la place ? Combien de fois mes enfants s'étaient-ils inquiétés à propos de la vie et m'avaient posé des questions pour être rassurés, avant de s'entendre dire « ÇA SUFFIT ! J'AI BESOIN D'UNE PAUSE » ? Combien de fois avaient-ils eu besoin d'être réconfortés, de partager leur joie après un exploit, d'alimenter leur confiance, et n'avaient vu en moi qu'une sorte de Rhino Gris prêt à charger, dénué de compassion, de patience ou d'affection ? Je n'avais pas besoin de compter. Je savais que la réponse était « beaucoup plus que je ne pouvais le compter ».

À l'époque, cette prise de conscience m'a rendue très, très triste. Mais, depuis, elle me rend très, très heureuse. Je me souviens toujours de cette histoire quand je m'efforce de réconforter mes enfants alors que la colère, la frustration et la fatigue se font sentir. Je m'efforce de me rappeler ce qu'il arrive de bon quand je ne crie pas. Et je me rappelle que le bon, peut-être, n'arrivera pas, mais que le mauvais, c'est certain, arriverait si je criais. En restant calme, j'ai été plusieurs fois surprise par des déclarations spontanées « Maman, je voulais juste te dire que je t'aime. » En fait, je les ai tellement entendues que je ne peux pas les compter.

Comme je l'ai écrit sur mon blog ce jour-là, le 107e, « Éviter de crier est dur. SUPER dur parfois. Mais ça en vaut la peine. » Oui, ça en vaut la peine.

Jour 24 : prises de conscience, actions et conseils

Les prises de conscience du Rhino Orange

- Ne supposez pas que vos enfants ne vous veulent rien de bon ; c'est possible mais pas certain.
- Mes garçons sont jeunes, mais ils peuvent aussi faire preuve de maturité et de profondeur. Si je les écoute d'abord (eux et surtout leurs explications) au lieu de faire des hypothèses et de réagir en criant, nous pouvons avancer de façon pacifique.
- Ne pas crier a enrichi ma vie parce que nous avons maintenant des conversations poignantes, des échanges auxquels je fermais la porte auparavant.

Les actions du jour

- **Rappelez-vous d'un épisode au cours de ce parcours où vous aviez envie de crier mais ne l'avez pas fait.** Écrivez cette histoire dans l'espace ci-dessous, en mettant l'accent sur le bien-être ressenti. Racontez-la souvent, à votre réseau de soutien ou à vous-même, pour l'enraciner dans votre esprit et la ressortir dès que vous avez besoin de réconfort pour ne pas hurler.

- **Posez deux questions à votre enfant.** Engagez-vous à mémoriser toutes les réponses à la deuxième question et souvenez-vous en quand vous avez envie de crier :
  - Comment te sens-tu quand je crie ?
  - Comment te sens-tu quand je ne crie pas ?
- **Si vous vous surprenez à avoir envie de crier aujourd'hui mais vous abstenez, félicitez-vous.** Ou célébrez votre succès. Sérieusement. Osez ressentir de la fierté et sachez que ce sentiment n'est pas la seule bonne chose qui se produit quand vous restez calme.

“ L’homme ne peut découvrir
de nouveaux océans tant qu’il n’a pas le courage
de perdre de vue la côte. ”

—André Gide

Les conseils du jour :

C’EST COOL	Racontez vos souvenirs d’enfance ; montrer à mes enfants que j’ai été petite aussi crée des liens et met de bonne humeur.
C’EST CHAUD	Essayez de faire la roue (ou une galipette) ; ça me fait toujours rire parce que je n’y arrive plus.
C’EST BOUILLANT	Piétinez comme un Rhino Gris mais sachez qu’en ce moment-même, vous redevenez orange, en choisissant de piétiner les cris.

Jour 25

Se souvenir que l'enfant est une personne : si j'étais un enfant…

« Maman, à quelle heure tu te couches ? » Edward me posait très gentiment la question alors que je me blottissais à côté de lui sur son lit. Parce que son sourire en disait long, je savais ce qui se cachait derrière cette question apparemment anodine : il tentait de savoir jusqu'à quand il pouvait rester debout à jouer avant que je ne revienne à l'étage et le dispute !

« Pourquoi tu me demandes cela ? », lui ai-je dit, l'air tout aussi amusé.

« Eh bien, je veux que tu te couches tôt, tu sais, comme ça, tu seras tranquille et pas énervée comme aujourd'hui », répondit-il sournoisement en répétant mot pour mot ce que je lui disais souvent !

« Vraiment ? », je feignais.

« Eh bien, oui et non. Je pense que tu te couches trop tard, alors euh, dis-moi, ça m'intéresse. »

Cette fois, je décidais de dire la vérité – pourquoi pas, après tout ? Il lui restait trois minutes avant l'extinction des feux.

« J'essaie de me coucher avant 11 heures, 10h30 pour une bonne nuit. Maintenant dis-moi, pourquoi veux-tu vraiment savoir ? »

« Parce que je pense que tu devrais te coucher à 20 heures, comme moi. Parce que si tu le faisais, tu serais un enfant, comme moi. Et être un enfant est amusant. Bien plus qu'être un adulte. Si tu étais un enfant, tu t'amuserais beaucoup plus. »

Sans voix. Je restais absolument sans voix.

Mais mon esprit travaillait dur ; je ne pouvais pas m'arrêter de penser à tout ce que je ferais si j'étais un enfant.

Si j'étais un enfant, je volerais un pot de glace et partirais me cacher au salon pour la manger au lieu de débarrasser le dîner.

Si j'étais un enfant, je pleurerais encore et encore après avoir perdu ma poupée ou mon doudou, ou renversé du lait sur ma robe préférée.

Si j'étais un enfant, j'irais cafter sur mon frère juste parce que, parfois, je trouve drôle qu'il ait des ennuis et je trouve chouette d'être la plus gentille.

Si j'étais un enfant, je courrais en criant, en sautant et en jouant à cache-cache à l'intérieur parce qu'il pleut dehors, que je me sens enfermée et que j'oublie totalement les règles de la maison.

Si j'étais un enfant, je poserais à ma maman mille questions pour l'empêcher de me laisser la nuit, juste pour avoir plus de temps en « tête-à-tête » avec elle. Je pourrais même demander à ma maman à quelle heure elle se couche.

Et, si j'étais un enfant, je ne voudrais pas qu'on me crie dessus pour tout ce qui précède.

Non, si j'étais un enfant, je ne voudrais pas qu'on me crie dessus simplement parce que j'ai commis une erreur, que je suis encore en train d'apprendre, que j'essaye quelque chose de nouveau, que j'ai oublié, que je m'amuse un peu, car je sais que se faire disputer, c'est nul. Je le sais car, même si mes parents criaient rarement, d'autres adultes dans ma vie l'ont fait ; et je sais que je les ai détestés, eux et la façon dont ils me rabaissaient. Et je le sais parce qu'en tant qu'adulte, on m'a crié dessus pour tout ce qui précède, et c'était effrayant, intimidant, honteux et horrible.

Je sais qu'alors je me sentais nulle, mauvaise. Je sais qu'un cri peut durer quelques minutes mais que la honte, elle, peut s'installer pour des semaines ; et je sais que certains cris pouvaient me faire craindre la personne pour longtemps.

Chaque fois que notre maison commence à devenir folle et incontrôlable, et que je me surprends à crier inutilement juste pour essayer de ramener un semblant d'ordre, je m'efforce de me rappeler que moi aussi j'ai été un enfant et que, très certainement, j'ai fait tout ce qu'ils font... voire pire ! Je ne me suis pas endormie pour jouer. J'ai dessiné sur les murs et arraché un gigantesque morceau d'herbe du papier peint motif herbe. J'ai transformé le lit que venaient de faire mes parents en château-fort. J'ai craqué pendant mes devoirs et jeté mon crayon à la tête de mon père quand il m'a dit que X n'était pas une lettre mais faisait partie de ce qu'on appelle l'algèbre. Oui, j'ai fait plein de choses qui ont rendu mes parents dingues, intentionnellement ou non, et qui leur ont donné envie de me hurler dessus.

Je m'efforce d'être empathique et de penser « *Si je n'aime pas me faire disputer, pourquoi mes enfants aimeraient-ils ça ?* »

Lorsque la maison devient incontrôlable et que je veux crier « ÇA SUFFIT ! », il n'est pas facile d'admettre la vérité : j'étais pareille, j'ai fait les mêmes bêtises. Mais quand j'y arrive, quand effectivement je me souviens de ce que je ressentais étant gamine, je comprends ce que ressentent mes propres enfants à ce moment-là. Quand je fais preuve d'empathie, quand je les comprends, je ne me sens plus si en colère contre eux pour une ânerie que j'ai probablement commise moi-même une fois. Et cela m'aide à garder le silence.

Si j'étais un enfant – rayez ça, lorsque j'étais un enfant – j'étais exactement cela : un enfant, juste un enfant qui apprend la vie et fait quelques erreurs, parfois intentionnelles, souvent non. Mais j'étais aussi une personne, à l'instar de mes parents. Au bout du compte, les enfants, les adultes, nous sommes tous des personnes. Nous avons tous des bons et des mauvais jours. Comme moi, mes enfants sont, certains jours, agréables, gentils, à l'écoute ; à d'autres, ils sont grincheux et difficiles. Comme moi, ils éprouvent des émotions et souhaitent être traités avec bonté. Personne n'aime entendre des cris après une mauvaise journée, ou même une bonne. Personne. Parce que ce n'est pas agréable. Point.

Jour 25 : prises de conscience, actions et conseils

Les prises de conscience du Rhino Orange

- L'empathie évite de crier.
- Les enfants font parfois les enfants et donc des bêtises, mais ils restent des personnes et veulent, comme chacun, être bien traités.
- **Les enfants sont des êtres humains et, à ce titre, ils connaissent des mauvais jours, mais je peux leur donner mon amour et mon soutien plutôt que leur reprocher d'être… humains !**

Les actions du jour

- **Rappelez-vous : l'enfant est une personne.**
- **Concentrez-vous sur la pratique de l'empathie.** Mettez-vous à la place de votre enfant pour comprendre ses sentiments. Plus précisément :
    - Lorsque votre enfant fait, selon vous, une « bêtise », interrogez-vous : « Ai-je déjà fait la même chose ? Pourquoi ? J'avais envie de quelque chose ? Besoin de quelque chose ? C'était juste pour m'amuser ? J'attendais quoi de mes parents ? » Essayez de comprendre pourquoi votre enfant a fait ce qu'il a fait afin d'instaurer un lien. (Cela vous aidera à rester calme pour éviter de crier.)
    - Si vous ne parvenez pas à entrer en relation (la moitié du temps, je ne comprends pas mes garçons), passez à l'action suivante.
- **Rappelez-vous d'un jour où l'on a crié contre vous et de ce que vous avez ressenti.** Utilisez ces sentiments difficiles pour témoigner de la chaleur à votre enfant.
- **Prenez conscience des sentiments qu'éprouve votre enfant quand vous criez afin de développer votre empathie ;** demandez-lui de vous dire ou de dessiner ce qu'il ressent. Préparez-vous : cela pourrait vous faire pleurer. Ayez des mouchoirs à portée de mains. Ce n'est pas grave si vous pleurez, si les réponses vous font mal. Laissez ses mots vous motiver et non vous effondrer.

> « **Ne fais pas à autrui**
> ce que tu ne voudrais pas que l'on te fasse. »
>
> —La Règle d'Or

Mac adore marcher dans les chaussures de son père. Ses frères ont dépassé ce stade adorable mais apprécient toujours que je me mette à leur place et comprenne leurs sentiments.

Les conseils du jour :

C'EST COOL	Osez un geste de gentillesse. Quand je suis en colère ou contrariée, je fais quelque chose de gentil parce que ce que je reçois en retour me réchauffe le cœur !
C'EST CHAUD	Organisez une soirée dansante ; de l'adrénaline, de la gaieté et du ridicule dans les pas de danse de Maman – si c'est pas de l'amour, ça !
C'EST BOUILLANT	Aboyez tel un chien, et dites « Assis, Médor, assis ! » Au moins, vous aboyez, vous ne mordez pas. Bonus ? Vos enfants vous répondront « T'es sérieuse ? » et vous en rirez tous.

Jour 26

Voir le bon côté de ses enfants : plus connu sous le nom du diable de Tasmanie

Connaissez-vous Taz, le diable de Tasmanie du dessin animé *Les Bébés Looney Tunes* ? Cet animal qui court dans tous les sens, et qui est toujours dessiné avec une tornade à ses pieds ? L'animal qui tourne sur lui-même, qui casse tout ? L'animal qui mange et remange et reremange ?

Et saviez-vous qu'après avoir pris sa retraite du dessin animé, il avait repris ses activités en la personne d'Edward, mon fils ? Si, si. Vous devriez voir Edward en action quand il revient tout agacé et en larmes à la maison. Il court à travers les pièces comme un fou, touche à tout et renverse tout sur son passage. Et quand il ne court pas en hurlant et en créant toutes sortes de hop-là qui rend chacun de nous complètement dingue, il est à la table. Il mange. Et il mange. Je vous ai dit qu'il mangeait ? Edward adore manger. Et il prend son temps. Il court aussi vite qu'il mange lentement. Et même si je sais que c'est une bonne chose, une chose saine, ça nous rend tous dingues parce que, quand tout le monde a fini, est prêt à se lever et à débarrasser, il en est toujours à mâcher sa deuxième bouchée, peut-être sa troisième, parce qu'il aime prendre son temps pour savourer.

Oui, Edward est mon Taz. Un gentil bougre très souvent, mais un diable de Tasmanie parfois. Et, pendant plusieurs années – peut-être deux ou trois –, j'avais du mal à être le parent d'un tel enfant parce que, honnêtement, quand le diable de Tasmanie apparaissait, je ne pouvais pas le supporter – et c'est peu de le dire. Je ne pouvais pas supporter le bruit, la destruction, le chaos, la perturbation volontaire de tout moment de calme, le dérangement intentionnel des autres juste pour les agacer et les faire pleurer avec lui, et son refus catégorique d'écouter et de S'ARRÊTER.

« S'il te plaît, Edward, STOP », le suppliais-je souvent, en tâchant d'être dans l'œil du cyclone, la partie calme, rationnelle, non destructrice. Il n'écoutait pas.

« S'il te plaît, Edward, Maman dit STOP. Allons dehors. »

Mais je n'obtenais aucune réponse, seulement des yeux plus pétillants, des mouvements plus rapides et une attitude plus provocatrice avec ses frères.

« Edward, j'ai dit STOP. Tu arrêtes tout de suite, sinon... »

Complétez cette phrase avec n'importe quelle menace. Mais il ne pouvait pas m'entendre ; toutes ses capacités à écouter, répondre et arrêter étaient balayées par la tornade. Alors, que pouvais-je faire d'autre ? Que faisais-je d'autre ?

Je criais. J'ai crié, j'ai crié et j'ai crié. « Ça suffit ! Personne ne t'aime quand tu te comportes comme ça. »

Oui, lorsque le côté diable de Tasmanie d'Edward surgissait, qu'il ait été déclenché par l'ennui, le manque de sommeil ou juste l'envie de jouer, je n'étais plus le centre du cyclone, je le rejoignais dans la tempête et devenais destructrice. À vrai dire, je détruisais bien plus que lui, parce que, si son comportement était temporaire, mes paroles blessantes, elles, brisaient lentement son estime de soi, et résonnaient longtemps.

Comment je le sais ? Parce qu'Edward avait commencé à se dévaloriser « Je ne suis pas capable. Je suis méchant. Personne ne m'aime. » Parce que la maîtresse avait remarqué qu'il manquait de confiance en soi et qu'il croyait être incapable d'exécuter des tâches difficiles. Parce que j'étais sa maman et que je le sentais ; je le savais.

Mais je ne savais pas quoi faire de mieux que me mettre en colère et crier. Finalement, il allait pleurer et cela l'arrêterait. Il me semblait que rien d'autre ne marchait. Les menaces et les temps morts ne fonctionnaient pas avec lui, on avait *l'impression* qu'il s'en fichait, parce qu'il était détaché et voyait le positif en toute situation.

« Edward, tu dois faire une pause pour te calmer », je lui disais.

« D'accord, Maman. J'aime bien être assis sur les marches, parce que, comme ça, je regarde et je me calme. » Ou « Comme tu veux, Maman, je monte quelques minutes et puis je redescends pour jouer. »

Et quand je lui disais « Edward, tu as perdu ton jouet parce que tu l'as jeté de la voiture », il répondait avec calme et détachement « D'accord, Maman. J'ai de la chance ; j'ai beaucoup d'autres jouets. »

Oui, Edward semblait toujours imperturbable quand je tentais de maîtriser son comportement afin que la tornade ne frappe pas à nouveau. Et ça me rendait folle. Folle au point de le critiquer sans cesse, de le harceler en lui demandant de se « calmer », de « rester tranquille » ou d'« être sage ». **Folle au point de me plaindre en permanence de son comportement au lieu de faire des critiques positives. Folle au point de ne voir en lui que des faiblesses**.

Plus je devenais négative quant à la façon d'élever une tornade, plus je les dévalorisais, lui et son comportement, plus j'étais attentive aux points négatifs parce que c'était tout ce qu'enregistrait mon cerveau. À force de regarder le négatif, je ne voyais plus que ça. Donc, en effet, pendant une courte période, j'ai cessé de voir les nombreuses qualités d'Edward, ces atouts qui demandaient pourtant à être remarqués, reconnus, supportés. Au contraire, je ne le voyais plus que comme un enfant difficile.

J'avais appris à l'école, avec des aimants, que le négatif attirait le positif. J'aurais aimé que mon professeur de sciences ajoute « Mais dans la vie, le négatif attire seulement le négatif et repousse le positif » parce qu'alors, peut-être aurais-je commencé plus tôt à focaliser sur le côté positif de la vie. Parce qu'alors, peut-être aurais-je cessé de voir les seuls points négatifs d'Edward pendant une longue et précieuse période de son enfance. Parce qu'alors, peut-être n'aurais-je pas été aussi injuste envers lui, mais plus affectueuse, patiente et compréhensive.

Le professeur de sciences ne m'avait pas donné la clef pour comprendre mon amour de tornade mais la maîtresse d'Edward, si. Après environ un mois de défi, j'étais assise dans son bureau et lui disais en pleurant « Je ne sais plus quoi faire. Je sais qu'il a du mal à se faire des amis parce qu'il casse tout. Mais j'ai du mal aussi. Cela me demande tant d'efforts de ne pas le disputer et je vais craquer. »

En me tendant un mouchoir, elle m'a dit « Cherchez le positif et félicitez-le. Edward a bon cœur. Il est passionné, gentil, attentionné et il raconte de merveilleuses histoires. Voyez cela en lui. Il veut réussir. Donnez-lui sa chance. Et quand la tornade surgit, parlez-lui. Serrez-le contre vous. Essayez de comprendre pourquoi il est tombé dedans. » Je suis rentrée chez moi, assez gênée d'avoir pleuré et avoué à la maîtresse que je n'étais pas la maman « forte et stable » qu'elle supposait et j'ai décidé de changer. J'en avais marre d'être une sorcière pour un enfant si doux qui m'offrait les meilleurs câlins au monde.

Ce soir-là, pendant la préparation du repas, Edward a commencé à devenir nerveux et je savais qu'une tornade se préparait. Je savais aussi qu'il aimait manger, alors j'ai décidé de lui donner l'occasion d'être utile, d'être félicité.

« Eh, Edward, tu as envie de m'aider à faire les lasagnes ? Tu es un grand cuisinier, tu sais », lui ai-je demandé, nerveusement, espérant.

« Bien sûr, maman. J'ADORE les lasagnes », répondit-il avec des étincelles dans les yeux, un nouveau genre d'étincelles.

Ce n'était pas les machiavéliques mais celles qui disaient « Je suis vraiment heureux ». **En fait, ce n'était pas de nouvelles étincelles. Elles avaient toujours existé mais je ne les regardais plus, je ne voyais plus qu'elles brillaient encore.**

Tout au long de la semaine, j'ai continué à adopter cette approche, à chercher et reconnaître ses points positifs, à lui donner une chance de réussir et à lui parler de ma fierté. Eh bien, le résultat a été surprenant. INCROYABLE. Oui, en lettres capitales pour vous montrer à quel point ce changement a été génial ! Les tornades se sont presque complètement arrêtées. Il écoutait davantage. Il m'aidait sans y être invité. Il m'embrassait. Ses yeux brillaient. Et je n'avais plus à prendre sur moi pour ne pas hurler parce que je n'avais qu'une envie, lui faire un câlin en lui disant combien je l'aimais.

Son changement à lui n'a pas été le seul ; moi aussi j'ai changé. En focalisant sur les points positifs, j'ai appris beaucoup sur la vie. J'ai cessé de prendre mal son insouciance qui me rappelle maintenant de me détendre et de savourer l'existence. J'ai cessé de prendre mal sa lenteur qui me rappelle de ralentir et de profiter du moment présent. J'ai cessé de prendre mal ses discussions sans fin qui me rappellent de m'enthousiasmer. Et j'ai cessé de prendre mal son excès de zèle « J'adore tellement la vie que je déborde d'énergie » qui me rappelle d'embrasser la vie, avec brio comme lui. Je serai éternellement reconnaissante à Edward d'avoir changé mon point de vue car il sera toujours pour moi une véritable source d'inspiration.

Depuis cet événement, je n'appelle plus Edward Taz parce que, même s'il s'agissait d'une blague, elle sonnait comme une prophétie auto-réalisatrice. Au lieu de cela, j'ai commencé à l'appeler « Monsieur Câlin », « Mon petit Chef » ou « Mon second » parce que sa tendresse, sa passion pour la cuisine et son désir de m'aider et de passer du temps avec moi sont quelques-unes de ses grandes qualités. Celles-ci existaient quand il était dans sa phase « tornade » mais je ne les voyais plus. J'espère ne plus jamais les perdre de vue parce qu'elles m'aident à l'aimer comme il le mérite.

Jour 26 : prises de conscience, actions et conseils

Les prises de conscience du Rhino Orange

- Les pensées et les paroles négatives attirent et favorisent les comportements négatifs.
- **Les pensées et les paroles positives attirent et favorisent les comportements et les relations positives, et diminuent l'envie de crier.**

Les actions du jour

- **Voyez le bon en votre enfant.** Utilisez la règle de 3. Dites *au moins* trois choses sympas sur votre enfant si vous avez dû lui faire une remarque.
  - Idéalement, dites trois belles choses *tout au long* de la journée et pas seulement après une dispute. Mais, si vous êtes comme moi, encline à la critique, dites-les tout de suite après ladite critique. Et si vous vous êtes abstenue, félicitez-vous !
  - Quand vous valorisez votre enfant, soyez précise, pour lui montrer que vous êtes honnête, que vous reconnaissez, êtes attentive et appréciez son comportement. (Par exemple, au lieu de « Edward, j'adore ton dessin », essayez « Edward, j'aime la façon dont tu as utilisé toutes ces couleurs pour peindre. ») Mes garçons se délectent des commentaires vraiment détaillés !
- **Voyez le bon en VOUS pendant que vous y êtes !** N'oubliez pas, avoir confiance en votre capacité de crier moins et d'aimer plus favorisera votre bien-être et votre détermination. Dites trois belles choses à votre sujet et oubliez l'autocritique ! Puis, pour le plaisir, demandez à vos enfants d'en dire trois ; vous pourriez être surprise !

> « **Les enfants sont prompts** à correspondre à ce que vous croyez qu'ils sont. »
>
> —Lady Bird Johnson

Les conseils du jour :

C'EST COOL	Préparez un repas qui nécessite l'usage de vos mains. Vraiment. Pétrissez de la pâte ou détaillez des légumes. J'ai fait un gâteau un soir très tendu et c'était SUPER. Prenez votre temps et libérez-vous du stress.
C'EST CHAUD	Défiez-vous du regard. Soutenir le regard de votre enfant est difficile mais cela empêche de crier. Et qui n'aime pas plonger ses yeux dans ceux d'un petit en se rappelant de la première fois où il/elle les a ouverts.
C'EST BOUILLANT	Tournoyez avec votre enfant, dehors si vous le pouvez. Mettez vos mains sur les hanches et essorez cette envie de crier ! Effondrez-vous et reconcentrez-vous sur ce qui est important.

> « **Si vous souhaitez** que vos enfants s'améliorent, laissez-les entendre les belles choses que vous dites à leur sujet aux autres. »
>
> —Haim Ginott

Jour 27

Revenir aux fondamentaux : la bataille des repas

Le fromage blanc. Écrire ce mot me fait juste grincer des dents. Avez-vous déjà essayé de nettoyer du fromage blanc ? J'ai essayé de l'essuyer. J'ai essayé de le ramasser doucement. J'ai essayé de l'éponger. Tout ça pour que ça colle, ça laisse des traces, ça coule et ça devienne le truc le plus pénible à récupérer. Argh ! Je ne peux pas supporter de nettoyer du fromage blanc. Et argh ! J'ai tellement crié sur mes garçons après que la substance est tombée par terre ou lancée par-dessus la table, façon tempête de neige. Finalement, j'ai décidé d'arrêter d'en servir. Encore une fois, pourquoi faire des petits problèmes des gros problèmes ? Le fromage blanc ne me manque pas. Pas même un peu. Je veux juste que les batailles autour de la nourriture, ces activités assez fréquentes, soient facilement gérables. Il y a bien sûr la célèbre bataille « Je n'aime pas ce que tu as préparé » et oui, les quatre enfants y participent car ils choisissent toujours de se plaindre au même moment. Sinon, évidemment, comment organiser une bataille ?

James : « Ma tarte est cassée. Je ne la mangerai pas ! »

Edward : « Je voulais un gâteau, pas une tarte, Maman ! »

Andrew : « Je n'aime pas la tarte aux pommes ! »

Mac, tout en jetant la tarte par terre, en envoyant promener les pommes et la crème : « Non, non, non ! »

Il y a aussi l'habituelle bataille « Il en a plus que moi » qui se passe ainsi :

James : « Edward a plus de confiture sur sa tartine. »

Edward : « Andrew a plus de jus d'orange. »

Andrew : « La tartine de Mac est plus grande que la mienne. »

Mac, tout en mettant son doigt dans la confiture d'Edward, tandis que son autre main essaie de voler la tartine de James : « Plus, plus, plus. »

Oh et il y a l'inoubliable bataille que j'appelle la bataille « transfert », quand, tout à coup, parce qu'un enfant n'aime pas quelque chose, plus personne ne l'aime même si, en secret, tout le monde l'adore.

James, repoussant son assiette : « Je n'aime plus les petits pois. »

Edward, comprenant l'allusion et repoussant aussi son assiette : « Je n'aime pas les petits pois non plus. »

Andrew, faisant la même chose : « Ah oui, moi aussi. Pas de petits pois. »

Mac, optant pour une version personnelle et… déversant son bol de petits pois par terre. ARGH !

Enfin, il y a la dernière mais pas la moindre bataille « C'est la fin de la journée et tout le monde est crevé donc hurlons pendant le dîner pour voir. » C'est de loin ma préférée :

James : « Maman, Andrew touche ma jambe. Je ne peux pas m'asseoir à côté de lui. Fais-le ARRÊTER ! Fais-le disparaître ! Si c'est ça, je ne mange pas. »

Edward, la tête sur la table, se plaignant : « Je suis trop fatigué. Je ne peux pas manger. Tu m'aides, Maman ? »

Andrew, pleurant : « Maman, Maman, Maman, James n'est pas gentil. Et la viande a un goût bizarre. Et je ne veux pas manger. Je veux juste un dessert devant la télé et puis, me coucher. S'il te plaît, Maman, s'il te plaît, s'il te plaît ! »

Et Monsieur Mac, pendant ce temps-là, qui hésite entre crier, gémir et sangloter parce que c'est ce que font ses frères alors pourquoi ne pas les imiter et participer à la folie furieuse ? Oui, le moment des repas est une folie absolue ! Ce qui n'est pas vraiment une surprise. Mettez la nourriture de côté une seconde. Mais rassemblez les quatre garçons au même moment et vous obtenez la recette instantanée de la folie, compte-tenu de leur âge. Non seulement ils sont tous ensemble mais en plus ils se tiennent à proximité. Et tous les quatre veulent me parler et obtenir mon attention. Ahhhhh ! Vous ai-je dit que le moment des repas était propice aux maux de tête ?!

> **Si je sais que je vais avoir du mal à résister à l'envie de crier à cause d'un comportement inacceptable… je mets des serviettes orange sur la table pour me rappeler de retrouver du calme et de la patience.**

Avons-nous l'occasion de dîner sans problème ? Oui, absolument. Souvent ? Oui, absolument. Mais certains repas virent au n'importe quoi, chacun de mes enfants chéris se nourrissant de l'énergie négative des autres, de façon à créer une gigantesque bataille et à perdre toute notion de normalité. Eh oui. OUI, absolument ! **Certes, je ne reçois pas de la nourriture sur la tête, mais des cris, des plaintes et des pleurs, et j'ai alors envie de répondre en hurlant et en pleurant.** Bon d'accord, parfois en jetant de la nourriture moi aussi, parce que cela semble aussi cool que libérateur.

Quand ces batailles démarrent, je tâche de m'appuyer sur les règles familiales de base pour rester calme et ferme, pour ne pas crier. Je rappelle à mes enfants que leur comportement est inacceptable et qu'ils vont finir par manger à la cuisine. Je leur rappelle que la portion demandée et servie sera perdue s'ils ne la finissent pas et, le cas échéant, qu'ils n'auront pas de dessert. Je leur rappelle que s'ils n'aiment pas ce que je sais pertinemment qu'ils aiment, ils peuvent ne pas manger jusqu'au prochain repas.

Parfois, ces rappels à l'ordre fonctionnent. Parfois, pas vraiment. Parfois, les enfants sont simplement trop fatigués pour se ressaisir, je suis trop fatiguée pour me ressaisir. Dans ces cas-là, je suis heureuse de voir des serviettes orange sur la table. Et pas seulement parce qu'elles permettent de nettoyer les aliments tombés « un peu beaucoup par accident », les légumes et autres indésirables « mince, s'ils sont tombés, on ne peut plus les manger ». Non. Les serviettes orange me rappellent de ne pas entrer dans la bataille.

Si je sais que le repas va rencontrer un peu de résistance pour une raison quelconque (épinards au menu, enfant particulièrement fatigué, etc.) ou à cause de mes propres difficultés (j'ai dû préparer le repas précipitamment, je suis énervée ou j'ai juste désespérément

Des haricots verts et des jaunes d'œufs volent dans les airs ? Ne voyez pas rouge ! Voyez orange et ayez confiance, vous pouvez rester tendre.

besoin de paix, de tranquillité, de temps pour moi), alors je nous entoure de pense-bêtes à table et cela fonctionne à merveille (assiettes, couverts et verres orange !) Je les place pour me rappeler de retrouver du calme et de la patience.
Vous savez quoi d'autre fonctionne vraiment bien quand je sais que les rappels orange ne seront pas suffisants ? Promettre...
De la glace... ou du sorbet à l'orange !

Je sais, ce n'est pas bien de servir de la glace à dîner, mais je sais aussi que la déguster ensemble quand nous avons tous besoin d'un moment agréable pour nous retrouver est beaucoup mieux que de se disputer et de s'engager dans un conflit où les vilains mots volent dans les airs.

Jour 27 : prises de conscience, actions et conseils

Les prises de conscience du Rhino Orange

- Dans certaines situations (comme le fromage blanc), des solutions simples existent. Je me répète mais c'est important !
- M'entourer de pense-bêtes orange m'aide vraiment à éviter de hurler. Tous les rappels aident. Je me répète encore, mais c'est très important !
- Il est utile de mettre la barre « moins haut » parfois et de laisser ses exigences personnelles de côté. Les avantages sont plus nombreux que les inconvénients à crier.

Les actions du jour

- **Revoyez les fondamentaux du chapitre 1.**
- **Achetez des serviettes orange** et/ou demandez à vos enfants de fabriquer de la déco orange pour la table.
- **Relisez votre tableau de bord pour mettre à jour la liste de vos éléments déclencheurs.** Avez-vous besoin de les identifier à nouveau pour mieux les connaître et mettre en place de nouvelles stratégies ? Ils peuvent et vont changer avec le temps. Soyez honnête avec vous-même. Si de nouveaux problèmes surgissent, essayez de les résoudre avec une solution simple. Si c'est impossible, essayez le fameux post-it orange dans les endroits stratégiques pour rester zen.
- **Souvenez-vous de mes cinq meilleures astuces** et réfléchissez aux vôtres :
  - Suivez les règles de l'amour, L.O.V.E. (Lecture, Observation, Vérification et Empathie).
  - Prenez du recul.
  - Ne criez pas, riez.
  - Rappelez-vous que hurler ne sert à rien.
  - Parlez tout haut et exprimez vos émotions.

> « **Revenez à l'essentiel,**
> accrochez-vous à votre famille, à vos amis,
> ils seront toujours à la mode. »
>
> —Niki Taylor

Les conseils du jour :

C'EST COOL	Servez des en-cas orange toute la journée (du jus, des pêches, du fromage, des carottes). Je ne plaisantais pas quand je disais que je m'entourais d'orange.
C'EST CHAUD	Faites semblant d'avoir une laryngite ; le silence fait des merveilles.
	Sautez à la corde pour libérer adrénaline et endorphines. Bonus : faites-le avec vos enfants pour un effet de groupe. Bonus en plus : si votre enfant a l'âge des miens, il cherche encore la bonne coordination, ce qui est adorable ; un bon moyen de se souvenir qu'il est encore un enfant, il apprend.
C'EST BOUILLANT	Tapez sur une poêle ou une casserole ; bien sûr, au début, c'est bruyant, mais cela attire l'attention, libère du stress et peut finir en un concert de batterie amusant.

Jour 28

Se demander qui a commencé : le portrait de famille « parfait »

Je n'aime pas la dinde. Et je n'aime pas les marrons. Ni aucun des plats que l'on sert à Noël à l'exception de ce qui est blanc : le pain, le beurre, les pommes de terre et encore le beurre ! Mais j'aime le jour de Noël. J'adore faire un grand feu de cheminée puis me blottir avec mes garçons sur le canapé. J'adore faire des « oh » et des « ah » devant la télé ou leur raconter des histoires de mon enfance, quand je n'en pouvais plus d'attendre le Père Noël. Et j'adore m'assoir avec eux pour siroter du jus de raisin et manger de la glace à la vanille en leur rappelant qu'il s'agit d'une tradition transmise depuis mon arrière-grand-mère. Oh, il y a tant de choses à apprécier le jour de Noël.

Et pourtant, j'ai détesté celui de 2010, parce que je l'ai gâché.

Je l'ai gâché en criant. De façon spectaculaire. À cause d'une photo. Sérieusement ?! Oui, sérieusement. Après un dessin animé de Noël, j'ai estimé que c'était le bon moment pour prendre la photo annuelle, le moment « Allez, maintenant, on regarde Maman faire le clown et sauter dans tous les sens pour sourire. » Oui, j'ai estimé que c'était le bon moment pour demander à James, Edward et Andrew, respectivement âgés de quatre, trois et un ans, de rester assis et de coopérer – après être restés assis tranquillement pendant une heure et alors qu'ils ne voulaient qu'une chose, aller jouer dehors. Le bon moment pour sourire. Et éviter de bouger. Et faire preuve de patience pendant une séance interminable « Juste une dernière photo, s'il vous plaît ? » Je savais à l'époque que je tentais le diable, étant donné les circonstances, mais je l'ai quand même tenté.

Comme prévu, compte tenu de certains précédents, les garçons ont commencé à râler quand je leur ai dit que nous allions prendre une photo. Alors que je tentais de les rassembler au salon (en offrant toutes sortes de pots-de-vin), Andrew est parti en courant... dans le salon ! Il a sauté sur le canapé, et est parti dans un rire hystérique en s'effondrant dans les coussins. James et Edward ont imité leur frère et les trois garçons ont commencé à rire, à se chatouiller, à s'amuser comme des fous. Tellement que, quand j'ai crié « Eh, regardez-moi ! » ils n'ont pas réalisé que je prenais une photo. Cette image est encore l'une de mes photos préférées. Le bonheur. L'amour. La joie. Les sourires. Elle me bouleverse.

Vous pensez donc que j'ai arrêté là, non ? Aucune autre photo n'était nécessaire, si ? Erreur. Je voulais m'assurer d'avoir la meilleure image. L'image parfaite. Je voulais voir si je pouvais faire mieux, même si je sentais que celle-ci tenait du miracle. J'ai donc demandé « Une dernière photo, s'il vous plaît ? » Ils ont été d'accord pendant quelques minutes mais se sont vite fatigués de mes revendications sans fin. Ils s'étaient déjà bien comportés pendant un long moment ; là, ils en avaient marre. Ils avaient atteint leur limite et commençaient à se tortiller, à pleurnicher, à pincer l'autre, ils refusaient de coopérer. Alors, j'ai commencé à crier. Et je ne me suis pas arrêtée. Parce que je voulais l'image parfaite et pensais que crier les obligerait à se tenir tranquille.

« Restez assis ! », ai-je aboyé.

« Une dernière ! Soyez gentils ! », ai-je supplié.

« FAITES ÇA POUR MOI ! », ai-je crié.

Et mon fameux, ou plutôt infâme, ultime hurlement : « C'est Noël, nom d'un chien ! Je vous demande juste une belle photo. S'IL VOUS PLAÎT ! Souriez, c'est tout ! »

Plus je criais, plus ils criaient. Plus ils criaient, plus les photos étaient ratées, et donc, plus je criais. Enfin, j'ai abandonné et j'ai grommelé méchamment dans un souffle « C'est bon ! J'en ai une. Tout ce que je voulais, c'était une photo. Merci pour rien. »

James, Edward et Andrew sont partis en courant vers leur père et leurs grands-mères. James a crié « Maman est méchante. » Edward sanglotait « Je ne l'aime plus ». Andrew ne pouvait pas s'arrêter de pleurer, si effrayé par ma voix.

> Je crie à cause de moi,
> à cause de mon insécurité,
> pas à cause d'eux,
> ni de leur incapacité
> à s'asseoir plus longtemps
> qu'ils n'en sont capables.

Moi, je suis partie m'enfermer dans la salle de bain, et j'ai pleuré en comprenant le ressenti de mes enfants. Ensuite, j'ai fait la tête jusqu'au soir tant je me sentais mortifiée d'avoir crié sur des enfants qui se comportaient comme des enfants, tant j'avais honte d'avoir projeté sur eux mon propre problème de perfection. Je n'arrivais pas à regarder les autres adultes dans les yeux. Je me sentais tellement triste d'avoir craqué ainsi pour une image parfaite. La culpabilité et la honte m'ont empêchée de profiter de la fête. **Noël est l'un des jours où souvent je ne ressens rien d'autre que de l'amour mais cette année-là, je ne pouvais pas le ressentir parce que j'avais crié au point de ne plus ressentir que de la haine pour moi.**

Le plus triste, c'est que ce n'était pas la première fois que j'étais en colère contre moi, après avoir hurlé pour obtenir une photo. Non, c'était arrivé plusieurs fois avant. Et, alors que je suis assise ici en train de vous expliquer mon perfectionnisme, je dois aussi vous avouer que c'est une excuse partielle. Le problème est plus profond.

Quand je suis contrariée, démoralisée et accablée par les responsabilités d'être parent, je peux regarder ces images parfaites, y voir des yeux pétillants et magnifiques, et me rappeler que tout cela en vaut la peine, que mes enfants sont heureux et que mes efforts sont utiles. Quand je suis triste parce que le temps file, que mes enfants grandissent trop vite, que je passe à côté des bons moments, je peux regarder une photo et me souvenir : non, je n'ai rien manqué, j'étais là et c'était merveilleux.

Et quand je suis stressée par la vie en général, alors je regarde les photos de ma famille qui s'amuse, qui profite d'une sortie ou de vacances, qui s'aime, tout cela m'apaise et chasse ma mauvaise humeur, me rend plus positive, heureuse et définitivement moins stressée.

Les photos m'apportent du réconfort, elles m'aident à me sentir en sécurité dans ce monde, et, à tort ou à raison, je m'y réfère souvent. Voilà la vraie raison pour laquelle je m'acharne à

Heureusement, je profite maintenant davantage de ces moments particuliers dans ma vie parce que mon besoin de perfection et ma tendance à crier ont diminué.

ce qu'elles soient parfaites. Je ne m'abstiens pas de crier dans ces moments-là parce que je veux la plus belle photo ; parce que, si je ne l'obtiens pas, j'ai peur de n'avoir rien à regarder quand j'aurai besoin de me souvenir et de me rassurer.

Le Défi Rhino Orange et la traque des éléments déclencheurs m'ont aidée à réaliser les vraies raisons de ma colère. Et, par ricochet, ils m'ont aidée à lâcher prise et à me détendre en prenant des photos. Désormais, quand je m'énerve et n'obtiens pas cette image parfaite dont j'ai besoin, je me dis : « *Eh, relax. Tu auras ce que tu auras. Ne mets pas la pression car tu n'obtiendras que les pleurs de tes enfants, tu seras contrariée et la photo sera mauvaise, ce qui va te contrarier plus encore. Ce n'est pas la peine ! N'oublie pas, tu n'es pas frustrée à cause d'eux; c'est toi. Eux vont bien, c'est toi qui stresse. Détends-toi. Souviens-toi, l'objectif n'est pas d'avoir une image parfaite. C'est de profiter de l'instant. Ne gâche pas tout en hurlant.* »

Ai-je encore du mal à laisser tomber ce perfectionnisme parfois ? Oui. Je ne suis pas parfaite ! Mais je lutte beaucoup moins, alors je fais le clown et saute dans tous les sens, pour sourire et me féliciter de ma progression. De toutes les choses que j'ai apprises pendant ce défi, la plus pertinente est sans doute celle-là : **il ne s'agit pas de perfection ; il s'agit de progression. Je fais des progrès, et c'est cela qui compte.**

Jour 28 : prises de conscience, actions et conseils

Les prises de conscience du Rhino Orange

- Garder ma bonne humeur aide mes enfants à l'être. Quand je suis stressée, ils le ressentent et deviennent stressés. Quand ils sont stressés, ça me stresse et je finis par crier.
- Il ne s'agit pas de perfection ; il s'agit de progression. Point. La perfection est surfaite (et je ne parle pas seulement de prendre des photos, mais aussi d'être parent et d'apprendre à crier moins).

Les actions du jour

- **Rappelez-vous de mon adage préféré « Ce n'est pas toi, c'est moi. »** Si certaines situations délicates ne s'améliorent pas, efforcez-vous de creuser, de chercher au-delà de ce que vous supposiez, de trouver la véritable source de stress. Dressez un nouveau plan. Ce peut être simplement d'en prendre conscience et d'accepter.
- **Pensez à votre objectif personnel.** Il vous inspire ou il vous stresse ? Il vous fait sentir que tout doit être parfait, ce qui vous tourmente et vous fait crier ? Révisez-le et relisez le chapitre 15 si vous pensez qu'ajuster votre objectif vous aidera à mieux progresser. Ne vous sentez pas défaillant pour autant ! Les réglages font partie du voyage.
- **Notez trois des victoires remportées depuis le début du défi.** Analysez ces victoires et accueillez vos progrès, même si vous n'en êtes pas encore convaincue.

- **Célébrez vos progrès… sérieusement !** Appelez votre réseau de soutien et parlez de vos victoires. Prévenez vos enfants. Informez vos amis. Criez-le sur tous les toits. Faites la fête – cela nourrit l'âme et inspire confiance pour de nouvelles victoires ! (Note : je craignais que cela me rende arrogante et je ne l'ai jamais fait. Eh bien, ne rien fêter ne m'a pas rendu service. Il est normal d'être fière de vos progrès, et il est important de les partager. Allez-y !)

> **“Si nous exagérions nos succès**
> comme nous exagérons nos déconvenues,
> nous serions bien plus heureux.”
>
> —Abraham Lincoln

Les conseils du jour :

C'EST COOL	Portez de l'orange ! Colliers, vêtements, écharpes ou chaussettes. Entourez-vous d'orange.
C'EST CHAUD	Arrêtez tout. Réglez le réveil, déclarez 5 minutes de « temps pour vous » et interdisez toute interruption.
	Mordez. Littéralement. Mordez dans quelque chose jusqu'à ce que votre envie de mordre s'estompe. Vous devrez être concentrée, ce qui vous empêchera de crier.
C'EST BOUILLANT	Sonnez dans votre corne de Rhino. Prétendez que votre main est une corne et claironnez ! Cela bloque vos cris et vous rappelle que vous devriez claironner à propos de tous les progrès réalisés jusqu'à présent. Être bienveillant envers soi est un excellent moyen de se détendre.

8

Rester déterminé quand on veut tout abandonner

« **Si vous avez commis des erreurs,** même des erreurs graves, vous avez encore une chance. À tout moment, vous pouvez prendre un nouveau départ, car « échouer » n'est pas chuter, c'est rester à terre. »

—Mary Pickford

Pendant longtemps, quand les choses devenaient difficiles, j'abandonnais. Je n'essayais pas de faire des efforts. Je trouvais des excuses et fuyais parce que c'était plus facile, parce qu'alors je ne risquais pas de faire des erreurs ou d'échouer.
Et, en réfléchissant, j'ai en effet évité avec succès bien des erreurs et des échecs. Mais j'ai aussi créé, malheureusement, avec succès, bien des regrets car en abandonnant, je ne m'étais pas donné la chance de réussir. Et je me suis habituée, malheureusement, avec succès, au principe de l'abandon, qui est devenu chez moi très naturel, comme une sorte de réflexe.

Tellement naturel que, maintenant, à l'âge adulte, quand les choses se corsent, qu'il s'agisse de financer un projet, de perdre du poids, de gérer les enfants, de surmonter un problème conjugal, ou de ne pas crier dans un moment vraiment difficile, ma tendance est généralement la suivante : « *Je m'en fiche, j'abandonne ! C'est trop dur, c'est trop lourd. Je ne peux pas y arriver. Et je ne veux pas !* » Le problème – ou l'avantage si vous y tenez – est que tous ces problèmes que je ne peux pas résoudre, je ne veux pas les résoudre non plus ; je voudrais qu'ils soient déjà résolus !

Oh, combien de fois ai-je pensé cela pendant le Défi Rhino Orange ! Les premiers jours, quand je criais, je me sentais nulle et voulais tout abandonner parce que je manquais de confiance en moi. Ou quand j'étais épuisée après m'être contenue pendant une épique crise de colère, je voulais tout arrêter parce que cela demandait trop d'efforts. Ou quand j'étais trop stressée par la vie et que je n'avais plus la patience ou le désir de me ressaisir, je voulais tout envoyer promener pour simplement penser à autre chose. Mais, comme vous le savez, je n'ai jamais abandonné.

Parce que je ne voulais plus lâcher. Parce que je ne voulais pas abandonner quelque chose de si important pour moi. Parce que je ne voulais pas laisser tomber quelque chose de si important pour mes enfants. Parce que je ne voulais pas ajouter une autre ligne à ma liste de regrets dans la vie.

Apprendre à trouver la détermination nécessaire pour continuer même dans les moments difficiles a demandé beaucoup d'efforts parce que je devais littéralement « désapprendre » des années de monologue intérieur « *Abandonne, c'est plus sûr.* » Cependant, je ne regrette pas une minute tous ces efforts, parce que, même si cela a parfois été difficile de persévérer et de trouver le courage d'avancer, c'était au moins aussi – non, PLUS – gratifiant de surmonter un obstacle. Deux obstacles, en fait : abandonner et crier. Ce chapitre concerne les deux vérités qui m'ont aidée à me relever après avoir chuté, malgré une terrible envie de rester à terre.

Jour 29

Savoir qu'on peut le faire : comment se retenir

L'été, après avoir officiellement terminé mon 365e jour de défi, j'ai décidé que les garçons et moi avions besoin d'une pause. Après ces longs mois, je savais qu'un peu d'air frais, une connexion sans fil et de nouveaux souvenirs dans un endroit où nous en avions tant d'anciens nous seraient profitables. J'ai donc mis les garçons dans la voiture et nous sommes partis chez mes parents.

Comme je l'avais appris durant ces sept dernières années de responsabilités parentales, et en tant que Rhino Orange, je savais que je mettais toutes les chances de mon côté si je commençais le voyage sans trop d'espoirs. Donc, j'ai supposé que personne ne dormirait et que nous aurions besoin de nous arrêter toutes les heures pour une pause pipi.

J'ai supposé que tout ce que j'avais à faire était de me préparer à être frustrée et agacée. Alors je m'étais préparée mentalement pour un long voyage avec beaucoup de bruit et beaucoup d'arrêts. Cependant, j'avais aussi fait en sorte de rendre le voyage agréable et d'arriver vite ! J'avais obligé tout le monde à passer deux fois aux toilettes et synchronisé notre départ avec la sieste des n°3 et n°4.

Devinez quoi ? Quinze minutes plus tard, non pas un, pas deux, pas trois, mais mes quatre garçons dormaient ! Et devinez quoi d'autre ? Une heure et demie plus tard, ils dormaient encore ! Génial, non ? Même miraculeux. Eh bien... oui et non.

Non, parce que j'avais moi-même bu une tasse de café pour rester éveillée et avait oublié de passer deux fois aux toilettes ! Oui, Maman avait méchamment envie de faire pipi mais il était hors de question que je me gare et réveille quatre enfants en train de dormir. Non, impossible. Je n'en avais même pas l'idée ! Vous auriez pu me payer, je n'aurais pas mis fin à ce trajet si calme, paisible et facile. Bien sûr, mon envie était si pressante que j'ai fini par avoir des crampes d'estomac, mais l'inconvénient restait moindre comparé aux hurlements potentiels de mes garçons « On est arrivés ? » ou à leur ennui « Je ne sais pas quoi faire. » S'arrêter n'était pas une option envisageable. Sauf que mouiller mon pantalon non plus. J'ai donc procédé comme la plupart des parents en ce cas ; les enfants dormaient et je me tortillais.

Et serrais les jambes au maximum.

Et regardais par la fenêtre pour me distraire.

Et essayais de penser à autre chose.

Et me répétais « *Je vais y arriver, je tiens bon, je peux le faire. Si je peux éviter de crier, je peux éviter de faire pipi !* »

Et puis, eh bien, j'ai traversé un moment Rhino Orange et j'ai ri si fort de ce ridicule absolu qu'ensuite j'ai dû serrer les jambes encore plus fort, vu qu'après quatre accouchements, euh, vous avez souvent du mal à vous retenir. À ce moment-là, j'ai réalisé que retenir une envie d'uriner, c'était comme retenir un cri.

Tous deux obligent à **écouter les messages du corps**, ceux qui indiquent une explosion imminente, puis à agir en conséquence pour l'éviter.

Tous deux supposent de la **concentration**, c'est le pouvoir de l'esprit sur la matière.

Tous deux demandent de la **pratique** pour gérer des situations de plus en plus longues et pour pardonner les petits accidents.

Tous deux reposent sur la **distraction** afin de faire passer une envie.

Tous deux exigent une **pensée positive**, oui vous pouvez tenir.

Tous deux incitent à **choisir** tout ce qui précède, peu importe que cela soit difficile, parce que l'autre option n'est pas vraiment envisageable.

Et ces deux comportements peuvent être appris et réalisés au fil du temps !

Sérieusement, mettez le ridicule de côté et le fait qu'il est un peu dingue de comparer une envie de hurler à une envie d'uriner, et pensez aux similitudes. C'est étrange, non ?

Quand j'ai pris conscience de ces similitudes (ce qui, par ailleurs, fut une grande distraction permettant à mon esprit de penser à autre chose qu'à cette envie croissante), je ne pouvais pas m'empêcher de penser « *Wow. Toutes ces compétences que je croyais avoir développées pour ne pas hurler, je les avais déjà en moi, depuis mon enfance, depuis mon apprentissage de la propreté. En fait, je n'ai fait que les transposer sur une nouvelle situation.* »

Vous avez déjà en vous la capacité de crier moins. Vous savez déjà faire des efforts pour vous contrôler physiquement, parce que vous le faites tous les jours.

Mon objectif en partageant avec vous cette histoire, au risque de passer pour une folle en comparant quelque chose d'aussi difficile et personnel qu'éviter de crier, à quelque chose d'aussi trivial que de se retenir d'uriner, est de vous montrer que vous pouvez y arriver.

Oui, le désir de crier est sacrément plus intense et frustrant; sacrément chargé de colère et sacrément chargé d'émotions. Je n'essaye pas de minimiser le problème. Ce que j'essaie de vous dire, avec des images absurdes mais légères pour mettre de la gaieté dans un sujet si lourd, c'est que... vous pouvez le faire.

Vous pouvez crier moins.

Vous en avez déjà la capacité ! Quand vous avez du mal, souvenez-vous simplement de ce que vous savez déjà :

1. Soyez attentive aux messages du corps, ceux qui vous préviennent qu'un cri (un peu comme une envie d'uriner) arrive, afin de courir hurler dans les toilettes plutôt que sur vos enfants.

2. Concentrez toute votre énergie sur une tâche, un but : moins crier. Se focaliser sur des objectifs trop nombreux est trop stressant.

3. Entraînez-vous à rester calme encore et encore et pardonnez-vous les incidents de parcours. Ces accidents se produisent, croyez-moi – depuis la naissance de mon quatrième, j'ai connu deux accidents. Mais bon, c'est arrivé et depuis j'ai appris à surtout ne pas rire avec une vessie pleine ! Donc, si un accident se produit et que vous hurlez, pardonnez-vous. Mettez de côté la honte et l'embarras et sachez que vous aurez bientôt l'occasion de vous rattraper.

4. Favorisez votre succès en plaçant des distractions dans la maison, ou plutôt, des pense-bêtes. Si ce n'est pas déjà fait, mettez des photos des enfants dans les zones à risques (un excellent moyen de ressentir de l'amour et pas de la colère) et découpez le Rhino Orange du rabat de la couverture pour vous rappeler d'être chaleureuse et calme.

5. Soyez positive et croyez en vous. Répétez en boucle « Je suis calme et je ne crie pas. »

6. Choisissez de ne pas crier parce que vous savez que cela ne marche pas, que cela n'est pas une bonne option. Choisissez de vous retenir, vous tortiller et serrer fort vos mains au lieu de hurler. Choisissez de faire des efforts même si votre cerveau est en ébullition.

7. Dites-vous que vous apprenez à moins crier et qu'il faut du temps, tout comme pour l'apprentissage de la propreté, mais que vous allez y arriver ! Je ne suis pas née en sachant retenir une envie de faire pipi ou, euh, autre chose. Demandez à mes parents ou à ce couple charmant à la plage qui pique-niquait en amoureux. Eh bien, à l'âge de deux ans, je me suis approchée d'eux, me suis accroupie sur leur serviette et leur ai offert un petit cadeau. Légèrement, euh, odorant. Passons... Plus sérieusement, il faut du temps pour apprendre à ne pas crier, mais c'est possible.

Bon, c'est officiel. Cette histoire est bizarre. Je viens de vous avouer avoir fait caca sur une serviette de plage et pipi dans mon pantalon à l'âge de trente et quelques années. Si vous ne retenez que ça dans cette histoire, j'espère au moins que vous en riez et que vous avez trouvé une nouvelle détermination pour avancer parce que vous êtes désormais certaine de pouvoir y arriver !

Jour 29 : prises de conscience, actions et conseils

Les prises de conscience du Rhino Orange

- Se dire « Ça y est, j'ai réussi ! » a toujours un pouvoir étonnant ! Qu'il s'agisse d'une demi-heure de plus sans faire pipi ou sans crier, je n'ai jamais dit « Mince, j'ai réussi ! » Je n'ai jamais regretté mes efforts. Jamais.
- Apprendre à ne pas crier n'est pas en soi une nouvelle expérience – j'ai dû apprendre beaucoup de choses dans la vie et j'y suis arrivée (apprendre à conduire, à passer des examens, à tenir ma langue devant mes patrons, etc.)
- Mon amour pour mes enfants est la plus grande de mes motivations.
- Je peux faire des choses difficiles.

Les actions du jour

- **Rappelez-vous que VOUS POUVEZ Y ARRIVER,** qu'on peut crier moins et s'aimer mieux. Si nécessaire, réfléchissez à toutes les choses difficiles que vous avez faites et souvenez-vous qu'il n'y a pas de petites victoires.
- **Écoutez cette autre analogie embarrassante.** Si, pendant une soirée/un concert/un spectacle/un événement, je fais rapidement une pause pour aller aux toilettes, je dois alors m'y rendre régulièrement. Mais si je me retiens, alors je peux faire moins de pauses et profiter de la fête plus longtemps. Je me trompe ? Il en va de même pour les cris. Quand je craque une fois, les autres deviennent plus faciles, parce que j'ai déjà ouvert les vannes et que je pense « Pff. J'ai déjà fait une erreur, donc la journée est fichue. »
- **Fermez les vannes** en disant « OK. J'ai craqué/crié. Ce moment-là est passé. La journée n'est pas fichue. Elle recommence MAINTENANT. »
- **Gardez les vannes fermées** en vous pardonnant immédiatement et en choisissant une activité positive pour vous remettre sur les rails : prenez soin de vous quelques minutes ou jouez avec vos enfants.

> “ **Que vous pensiez être capable**
> ou ne pas être capable,
> dans les deux cas, vous avez raison. ”
>
> —Henry Ford

Les conseils du jour :

C'EST COOL	Sortez faire un tour ; prendre l'air met de meilleure humeur.
C'EST CHAUD	Souriez. Ou faites semblant. Prétendez être heureuse pour minimiser la colère.
	Croquez dans des grains de raisin. Prétendez que vos enfants dorment et que les raisins sont un verre de vin. OK, c'est pour de faux. Mais je l'ai fait une fois et ça a marché.
C'EST BOUILLANT	Comptez jusqu'à 10 ; ou 100 ; ou 1 000 ; jusqu'à ce que vous vous calmiez. (Note : j'ai horreur de ça mais, là encore, ça marche !)

Jour 30

Se rappeler de l'essentiel : faire pencher la balance en faveur de l'amour

520.

C'est le nombre de jours d'affilée tenus sans crier. La série s'est terminée le 12 juillet 2013, quand j'ai totalement craqué et hurlé sur mes garçons. Pas de doute, ce n'était ni un dérapage, ni un cri d'urgence. Oh non, c'était une tirade complète, sans détours, un bon vieux hurlement devant quatre enfants qui braillaient, un cri que je ne pouvais pas retenir. Et il a été couronné par des sentiments de culpabilité, de déception et de tristesse qui dépassent l'entendement. Entendre mes garçons hurler en retour a été le coup de grâce.

« Maman ! Tu es méchante. Tu retournes au jour zéro de ton défi ! » hurlait James.

« C'est trop fort ! » criait Andrew en se couvrant les oreilles.

« Ma, Ma, Ma » sanglotait Mac, qui jusque-là, ne m'avait jamais, jamais entendu crier.

« Pourquoi tu… te… fâches, Maman ? On n'a… rien… fait. On est montés dans la voiture comme tu as demandé ! » essayait de dire Edward entre deux sanglots.

Edward avait raison. Oh, il avait raison. Mes garçons n'avaient absolument rien fait de mal. J'étais juste dans un mauvais jour. Mes cris étaient complètement inutiles, vraiment blessants et entièrement de ma faute. J'avais projeté ma propre tristesse, ma peur et ma colère sur eux, point. Le stress de notre mariage, de la vie, de la parentalité combiné avec mon manque total de sommeil et d'exercices avaient eu raison de moi. Et donc, tout me dérangeait ce matin-là.

Des enfants qui parlent normalement ? Trop fort.

Des enfants qui demandent un verre d'eau ? Trop exigeant.

Des enfants qui se bousculent et rient ? Trop enfant. C'est évident, c'est trop d'être un enfant.

Des enfants qui ne se préparent pas pour la piscine comme je leur avais demandé ? Trop pénible. Quoi, on ne m'écoute pas quand je formule une demande dans un souffle de sorte que personne ne peut l'entendre ?

J'ai senti ma colère bouillonner, mes mains devenir moites, mon cœur s'emballer, ma voix plus courte et plus nette me dire que j'étais en train de craquer, que je devais impérativement me reprendre. Alors j'ai essayé. J'ai essayé très fort de contrôler mon stress personnel en utilisant mes astuces de Rhino Orange. Je me suis parlé à moi-même « *Eh, Rhino Orange, tu n'es pas en colère contre tes enfants, tu as des problèmes avec ta situation actuelle.* » J'ai bu un verre d'eau fraîche pour essayer de me refroidir physiquement et de ralentir ma respiration. J'ai continué mon monologue « *Tu peux y arriver, tu vas y arriver ; accroche-toi, tu ne veux pas crier.* » Et j'ai parlé à mes enfants « Les garçons, Maman a eu une matinée difficile. Je me sens un peu grognon. Pouvez-vous arrêter de courir et m'aider à nous préparer pour la piscine rapidement afin que nous puissions aller nous amuser et nous détendre ? »

Cela a marché.

Pendant cinq minutes.
Pendant cinq minutes, j'ai trouvé du calme au milieu de la folie, de la chaleur au milieu de ma colère, de la détermination au milieu de mon désir de tout envoyer promener et hurler.

Les garçons avaient tous mis de la crème, pris leur serviette, mis leurs chaussures et grimpé dans la voiture. OK ! J'étais juste repartie dans la maison attraper mon sac et était revenue pour m'apercevoir qu'ils n'étaient pas attachés, ce que j'avais pourtant demandé.
Et j'ai craqué. De ma voix la plus forte (ou peut-être me semblait-elle plus forte après 520 jours sans l'avoir entendue ?) j'ai crié « QU'EST-CE QUI VOUS PREND ?! POURQUOI VOUS N'ÊTES PAS ATTACHÉS ? C'EST QUOI VOTRE PROBLÈME ? VOUS NE POUVEZ PAS M'ÉCOUTER POUR UNE FOIS ?! »
Sérieusement ? Rien qu'en écrivant cela, je me sens ridicule et honteuse. Après tout ce qu'ils venaient JUSTE de faire pour être obéissants et gentils, je me fâchais parce qu'ils n'avaient pas encore exécuté l'une de mes cinq demandes ? Était-ce nécessaire ? Ou même sympathique ? Mais là encore, je ne criais pas à cause des ceintures.
Je criais parce que ma propre déception voulait s'exprimer. Parfois les cris se produisent presque malgré nous. Et lorsqu'ils se produisent, malheureusement, ils ne peuvent pas disparaître. Ils ne peuvent pas s'effacer. Vous pouvez, toutefois, continuer et aggraver la situation ; ou faire demi-tour.

> **Je criais parce que, eh bien, parce que je suis humaine et que, parfois, malgré les meilleures intentions du monde, les efforts et l'amour, les erreurs se produisent. Les cris se produisent.**

Quand j'ai finalement arrêté de crier, j'étais pétrifiée, inquiète mais curieuse de savoir comment j'allais réagir. Est-ce que j'allais m'effondrer dans la haine, le dégoût et la déception ? Ou retomber dans le cercle vicieux des pensées négatives qui me conduirait à crier plus encore et aggraver la situation rapidement ? Ou laisser un cri détruire toute la journée et toutes les occasions de profiter de mes enfants comme j'aurais pu le faire – non, attendez, comme je venais de le faire – pendant 520 jours ?
Ou est-ce que j'allais me souvenir de tout ce que j'avais appris pendant ce voyage de 520 jours, tout ce que j'avais suggéré à tant d'autres Rhinos Orange, et que j'avais encore besoin d'entendre ? **Et accepter de ne pas être parfaite, de ne pas chercher la perfection, mais simplement à faire de mon mieux ? Et choisir de me pardonner, comme je le conseillais si souvent, et d'aller de l'avant, entraînée par la vérité incontestable que chaque instant est un nouveau moment, une nouvelle occasion de créer un joli souvenir avec les enfants, malgré ce qui a pu se passer l'instant d'avant ?**

Je me tenais en face de la voiture, des larmes dégoulinaient encore sur mon visage, de la sueur transpirait encore de mes mains, de la douleur faisait encore battre mon cœur et je m'interrogeais : allais-je focaliser sur cet instant négatif ou sur la journée entière, qui de la perfection ou du nombre de bons moments allaient l'emporter ?

J'ai choisi le pardon.
J'ai choisi d'aller de l'avant.
J'ai choisi de focaliser sur la journée entière.
Croyez-le ou non, ma décision prise, je me suis sentie tout à fait heureuse et soulagée. Pas heureuse parce que j'avais crié, bien sûr, mais heureuse d'avoir tellement changé que j'avais maintenant assez de recul et de courage pour rebondir, pour lâcher le passé afin qu'il ne freine pas l'avenir. Pour moi, il s'agissait d'un changement énorme – allez, gigantesque. C'était si *supercalifragilisticexpialidocious* comme dirait Mary Poppins qu'à ce moment-là je souriais, je ne pleurais plus. Le Défi Rhino Orange m'avait changée. Tous ces défauts qui m'avaient longtemps abattue, avaient diminué, voire complètement disparu. Ma vie s'était tellement remplie d'amour pour mes enfants, ma famille et moi-même. Encore une fois, je ne pouvais pas arrêter de sourire.

J'ai choisi de multiplier les bons moments afin de faire pencher la balance vers l'amour plutôt que vers la colère.

J'ai embrassé mes enfants et me suis excusée puis nous sommes partis pour la journée, unis et déterminés à nous amuser, unis et déterminés à vivre une journée remplie d'amour et plus de colère. De temps en temps, mon esprit s'égare et repense à ce matin-là, quand j'ai craqué. La déception et la crainte d'avoir effacé tous les bons moments des 520 jours précédents tentant de se faire une place dans mon esprit. Mais je riposte.

Je me souviens que l'amour est plus fort que la colère.

Je me souviens qu'un moment de colère n'est rien comparé à 520 jours d'amour. Je me souviens qu'en choisissant l'amour, on gagne toujours une victoire. Je me souviens que tous les bons moments s'additionnent et que, finalement, tous les nouveaux souvenirs positifs effacent pour de bon la colère de ce 12 juillet 2013.
Et je me souviens de la raison pour laquelle j'ai choisi de lâcher le passé et de profiter du moment présent : mon amour féroce, passionné et inconditionnel pour quatre beaux garçons nommés James, Edward, Andrew et Mac.

Je veux que mes fils, en repensant à leur enfance, à leur vie, puissent dire « Oui, mes parents m'ont aimé et ils m'ont donné plus d'amour que de colère. Je me sens vraiment chanceux. » C'est mon but ultime en tant que parent, en tant que Rhino Orange. Aimer davantage. Et c'est finalement ce qui m'a poussé à ne pas m'effondrer après « l'échec » de ce matin de juillet. Je suis un Rhino Orange et je vais crier moins et aimer plus, un instant après l'autre.

Jour 30 : prises de conscience, actions et conseils

Les prises de conscience du Rhino Orange

- Mon rôle en tant que parent n'est pas d'être parfaite ; mon rôle est d'aimer mes enfants du mieux que je peux, à chaque moment.
- Éduquer mes enfants est une façon de les aimer. Leur montrer que personne n'est parfait, que tout le monde fait des erreurs, mais que se relever, trouver le courage de rebondir et de continuer, malgré le découragement, sont des leçons inestimables.
- Être un Rhino Orange ne tient pas de la perfection ; il s'agit simplement de crier moins et d'aimer davantage, un instant après l'autre, afin qu'il y ait plus de moments d'amour que de moments de colère dans la vie de l'enfant, pour faire pencher la balance.

Les actions du jour

- **Aujourd'hui, faites pencher la balance en faveur de l'amour.** Faites en sorte de passer un moment vraiment tendre avec vos enfants, peu importe lequel. Surtout si la journée semble folle, pressante, stressante. Les moments d'affection sont les meilleurs garants contre la colère. (J'aurais aimé m'arrêter ce matin de juillet pour me reconnecter à mes enfants. J'ai loupé le coche !)
- **Demandez à vos enfants « Comment puis-je te montrer que je t'aime aujourd'hui ? »** Parfois, aimer nos enfants, c'est faire ce que nous savons devoir faire pour eux ; mais parfois, c'est faire ce qu'ils veulent, eux (ou, au moins, en version allégée car je sais que leur réponse serait de les laisser manger des bonbons toute la journée).

> « **Vivre c'est choisir.**
> Mais pour bien choisir, on doit savoir qui on est,
> ce que l'on veut défendre, où on veut aller,
> et pourquoi. »
>
> —Kofi Annan

Les conseils du jour :

C'EST COOL	Portez un bracelet orange autour de votre poignet pour vous souvenir de votre promesse, ou comme le suggère Andrew, attachez un ruban orange autour de votre doigt.
C'EST CHAUD	Mettez vos écouteurs et écoutez de la musique ; parfois je mets celle de ma jeunesse pour retrouver l'énergie (mais pas la colère).
C'EST BOUILLANT	Demandez à vos enfants à quoi vous ressemblez ; leurs mots pourraient vous blesser mais aussi vous permettre de vous ressaisir.

9

Les jours d'après

« **Il n'y a rien de noble à être supérieur** à vos semblables. La vraie noblesse est d'être supérieur à celui que vous avez été auparavant. »

—Ernest Hemingway

Le 6 février 2013, le jour où je suis officiellement parvenue au 365e sans crier, je me souviens d'avoir pensé « *Bon, alors, et maintenant ?* » Eh bien, étant donné que j'ai tenu 520 jours, vous savez ce que j'ai décidé. J'ai continué, j'ai essayé d'être un Rhino Orange le plus longtemps possible, au-delà de mon objectif.

Et je me souviens que le 13 juillet 2013, le jour où je suis officiellement parvenue à, de nouveau, en passer un sans crier, j'ai pensé « *OK, donc je viens de recommencer. Cela signifie-t-il que je m'engage pour une autre année ou, compte tenu de ma série de 520 jours d'affilée, que je vise encore plus haut ? Euh, c'est vraiment intense. Et effrayant.* » Cette dernière anecdote et la citation d'Ernest Hemingway devraient vous donner une idée de ma réponse. Et si tout va bien, ces deux-là devraient vous inciter à poursuivre votre voyage pour crier moins et aimer plus au-delà de ces dernières pages.

Chaque jour après le 30e : mon engagement pour les garçons

Edward aime souvent s'asseoir sur la chaise à côté de mon placard et bavarder avec moi le matin pendant que je m'habille. Il parle de choses et d'autres mais finit toujours par me poser les trois mêmes questions :

« Maman, pourquoi tu as toujours un bébé dans ton ventre ? »

« Je n'en ai pas, chéri, c'est juste que mon ventre est comme ça, maintenant. »

« Oh. OK. Alors, quand vas-tu avoir un autre bébé dans ton ventre? Tu ne veux pas une fille aussi ? »

« Je vous aime, mes petits gars. Bien sûr, ce serait sympa d'avoir une petite sœur, mais je pense que quatre enfants, c'est bien et je n'échangerais aucun d'entre vous pour tout l'or du monde. »

« Oh. OK. Eh bien, pourquoi tu as fait que des bébés garçons ? »

Celle-ci est ma préférée parce que j'ai toujours répondu en riant « Parce que, quand j'ai rencontré ton papa, il voulait tellement des garçons que, chaque fois que nous passions devant une fontaine, il jetait des pièces dedans en faisant le vœu de vous avoir, vous ! »

« Oh. OK. »

Et, juste comme ça, il s'en va en trottinant, très content de notre conversation.

Un jour, cependant, peu de temps après avoir célébré mes 365 jours sans crier, il a changé un peu. Alors que j'enfilais ma bague de fiançailles et mon alliance, Edward m'a demandé

« Maman, pourquoi tu portes ces bagues ? »

« Eh bien, celle qui brille, c'est ma bague de fiançailles. Papa me l'a donné un soir quand il m'a demandé de l'épouser et de passer ma vie avec lui. Il me l'a donné en me promettant de m'aimer pour toujours. Je la porte pour lui promettre de l'aimer pour toujours. »

« Oh, OK. C'est joli. Et l'autre bague ? » m'a-t-il demandé, totalement captivé.

« C'est mon alliance. En fait, Papa l'a mise à mon doigt le jour où nous nous sommes mariés. Il en porte une aussi que je lui ai donnée. Nous portons ces anneaux pour montrer notre engagement l'un vis-à-vis de l'autre, d'être gentils, de nous aimer dans les bons et les mauvais moments. »

Les yeux d'Edward sont devenus perçants ; je savais qu'il était sur le point de me surprendre avec l'une de ses douces et bouleversantes déclarations. Et c'est ce qu'il a fait.

« Maman, où est ma bague de fiançailles ? »

« Excuse-moi ? »

« Où est ma bague ? Pourquoi tu ne portes pas un anneau pour nous, tes enfants, pour promettre de nous aimer pour toujours ? »

Wow. Wow. Wow. La question d'Edward était si innocente, si étonnante qu'elle suscitait la réflexion. Je ne savais pas quoi répondre ; il n'y avait aucune bonne réponse. Alors j'ai simplement dit « Edward, c'est une très bonne question. Tu marques un point. Je devrais avoir une bague pour montrer mon engagement, ma promesse de vous aimer pour toujours, tes frères et toi. »

« Ouais, tu devrais, Maman. »

Et, juste comme ça, il est parti en trottinant, très content de notre conversation.

Moi, en revanche, je l'étais moins. Je ne pouvais pas bouger, au sens propre comme au figuré. Je me tenais devant mon placard, stupéfaite de cette conversation poignante, et je ne pouvais plus rien faire, pas même m'habiller. Une bagarre dans le couloir a vite réglé le problème ! Obligée de me mouvoir avant que les choses ne s'enveniment, je me suis retournée vers mon placard pour m'habiller rapidement. J'ai cherché une chemise mais n'ai vu que de l'orange. Des tee-shirts orange. Des chemisiers orange. Des pulls orange. J'ai commencé à sourire et ai tout de suite pensé « *Je n'ai pas de bague pour prouver mon engagement et mon amour pour les enfants mais j'ai une armoire pleine de vêtements orange pour les leur montrer !* »

Et je l'ai toujours, des mois après la fin du Défi Rhino Orange, des mois après la fin de la tendance orange. Cette couleur pourrait disparaître du monde de la mode, elle ne pourra jamais partir de chez moi.

L'orange sera toujours ma couleur préférée parce que je serai toujours un Rhino Orange.

J'ai promis à mes enfants, depuis le jour de leur naissance, que j'aimerai chacun d'eux pour toujours. Aujourd'hui, plus que jamais, je sais que les aimer pour toujours implique d'être un Rhino Orange pour toujours.

Il s'agit de continuer à tenir ma promesse, chaque jour, malgré un premier succès, afin de modérer ma confiance en mes « compétences » et ne pas retomber dans de vieilles habitudes.

Il s'agit de continuer à me souvenir de ce que j'ai appris pendant ce voyage, et m'entraîner à ne pas crier, pour que cela devienne encore plus naturel.

Il s'agit de continuer à porter des chemisiers orange et écrire des phrases positives sur des post-it orange pour que ma promesse reste au centre de ma vie, là où elle doit être, là où je veux qu'elle soit. Et là où j'ai besoin qu'elle soit, parce que les situations changent, parce que je change, parce que les enfants changent mais que j'aurai toujours besoin de renforts et de sources d'inspiration pour éviter de crier.

Il s'agit de continuer à traquer et à comprendre mes éléments déclencheurs lorsque lesdits changements se produisent et que de nouvelles difficultés apparaissent, pour trouver d'autres solutions et rester fidèle à ma promesse.

Et il s'agit de continuer à sonder mon âme, à me poser les questions difficiles, afin que, en grandissant en tant que parent comme en tant que personne, je puisse encore me comprendre et me nourrir pour conserver tout mon amour.

Être un Rhino Orange pour toujours ne signifie pas que je doive courir après la perfection. Non, cela signifie simplement que je ne cesserai jamais d'essayer de faire de mon mieux, chaque jour, dans les bons comme dans les mauvais. Cela signifie que je ne cesserai jamais d'essayer d'améliorer celle que je suis et mes compétences de Rhino Orange. Cela signifie que je ne cesserai jamais d'essayer de témoigner de l'amour et non de la colère ; de choisir les mots les plus doux au lieu des plus durs ; de moins crier et s'aimer mieux, un instant après l'autre, parce que non seulement c'est ce que mes enfants méritent, mais c'est aussi ce que je veux leur donner, de tout mon cœur et de toute mon âme.

“Osez vivre la vie
dont vous avez rêvé.
Avancez et réalisez vos rêves.”

—Ralph Waldo Emerson

10

Rappel des points clés

Au fil des jours, le Défi Rhino Orange est devenu de plus en plus facile et évident, grâce aux prises de conscience, aux avantages et aux alternatives sur lesquels je pouvais m'appuyer pour réussir. Je tenais à les partager avec vous pour que, lorsque les choses deviennent difficiles, vous puissiez vous y référer rapidement et facilement.

10 prises de conscience incontournables

1. Crier ne sert à rien ; en fait cela aggrave la situation. Aimer mes enfants – L.O.V.E., Lecture, Observation, Vérification et Empathie – fonctionne beaucoup mieux. Cela me permet de réellement aider mes enfants à se calmer, se concentrer et écouter, sans ressentiment, ni peur, ni rejet. Quand je hurle, les enfants ne peuvent pas entendre ce que j'ai à dire ou ce que je souhaite leur apprendre.

2. Je ne peux pas toujours contrôler le comportement de mes enfants, mais je peux toujours contrôler le mien. J'ai le choix de crier ou de ne pas crier ; je peux m'éloigner pour faire une pause ou briser leur cœur en hurlant.

3. Je suis souvent responsable du problème, pas mes enfants. Cette prise de conscience est difficile, mais enrichissante. Sans elle, je n'aurais probablement pas réussi. Quand je suis en colère, j'ose me regarder en face et m'interroger « *Pour quelle raison je crie ?* » Souvent, la réponse est évidente.

4. Prendre soin de soi, prendre du temps pour soi, n'est pas égoïste ; c'est vital. Si je veux être dans de bonnes dispositions et éviter de crier, j'ai besoin de prendre soin de moi. Point. Et si j'ai besoin d'aide pour cela, je dois la demander et ne pas avoir honte.

5. Les pensées, les actions et déclarations positives engendrent un comportement positif. Le négatif attire et favorise le négatif. Et cela vaut pour mes interactions avec les enfants, comme avec moi-même !

6. Élever ses enfants ne suppose pas la perfection, mais la progression. Des erreurs se produisent. Mais le plus important est ce que je fais à la suite desdites erreurs. Je me pardonne, je m'excuse et j'essaie de comprendre ce qui s'est passé pour aller de l'avant. Sinon, je reste dans un trou noir et hurle.

7. Reconnaître les symptômes physiques qui accompagnent les cris est essentiel ! Les mains moites, le cœur qui bat, le corps contracté, le ton qui monte... Tous ces indices me disent que je suis sur le point de craquer ; je dois y prêter attention.

8. Le recul est un outil puissant. Quand je suis contrariée par de petites choses, ou même de grandes, je cherche à prendre du recul en utilisant les mots « au moins » pour y arriver. Il a renversé son bol de lait ; au moins ce n'est pas la bouteille !

9. L'enfant est une personne. Comme moi, les enfants ont des sentiments. Comme moi, les enfants n'aiment pas qu'on leur crie dessus. Comme moi, mes enfants sont encore en train d'apprendre. Me mettre à leur place me permet de les traiter comme je veux être traitée.

10. De belles choses arrivent quand je ne crie pas. Qu'il s'agisse de câlins, de « Je t'aime » ou de conversations supplémentaires, de très belles choses arrivent quand je me maîtrise.

10 avantages à être un Rhino Orange

1. Je me sens plus calme et plus paisible, autant dans mon cœur que dans ma maison. Crier énerve tout le monde. Sans cris, je marche plus doucement, je parle plus doucement, et je ne pollue personne avec ma colère. Le calme est contagieux !

2. Mes enfants réagissent mieux (la plupart du temps). Je ne vais pas dire qu'ils sont devenus parfaits depuis que j'ai cessé de crier. Non, ils sont humains, comme moi ! Mais, ils réagissent maintenant de façon plus rapide, plus précise et plus sereine, et les crises de colère sont moins longues et moins intenses.

3. Je m'amuse plus avec eux. Libérée de toute cette énergie négative, je suis dans de meilleures dispositions pour profiter du présent et faire en sorte qu'il soit agréable. Et, s'il m'arrive d'être de mauvaise humeur, je cherche à partager un moment de plaisir avec mes enfants car j'ai découvert qu'être en lien avec eux est le meilleur antidote à la contrariété.

4. Je lâche prise, j'arrête de ruminer, plus rapidement et beaucoup plus facilement. C'est un des plus grands avantages de ce défi. Avant, j'avais l'habitude de laisser les problèmes me ronger, moi, ma confiance, mon bonheur et ma capacité à profiter de mes enfants. Cet avantage à lui seul me rend heureuse.

5. Je prends soin de moi sans me sentir coupable. Aujourd'hui, je ne regrette jamais de prendre du temps pour moi, je suis même fière d'avoir osé le prendre.

6. J'apprends aux enfants à gérer la colère. J'aime que mes garçons empruntent maintenant certaines de mes alternatives plutôt que de se laisser aller verbalement ou physiquement, quand ils sont frustrés.

7. Je gère beaucoup mieux le fait d'être débordée. J'arrive à tenir même dans les jours difficiles, en prenant une chose à la fois, et en agissant ainsi dès que je me sens accablée par une tâche, petite ou grande. Cette nouvelle approche facilite la vie et contribue donc à éviter les cris.

8. Je multiplie les actes de générosité. Quand j'ai arrêté de crier, je me suis sentie plus gentille et j'ai naturellement voulu donner aux autres. J'ai donc commencé à multiplier les actes de générosité, comme auparavant, et c'est fantastique ! Plus particulièrement dans les mauvais jours, car cela m'aide à me sentir mieux : c'est gagnant-gagnant !

9. J'ai naturellement appliqué ce que j'apprenais à l'ensemble de mes relations. J'ai souvent voulu crier contre des adultes au cours du Défi Rhino Orange. Mais je ne l'ai pas fait, non seulement parce que je savais que ce serait improductif mais aussi parce que c'était devenu plus naturel ne pas de crier. Que mes échanges avec les autres soient désormais plus calmes, est une aubaine !

10. J'ai plus confiance en moi, je sais que je suis capable. J'avais l'habitude d'abandonner à la moindre difficulté. Je ne me vois plus ainsi désormais, mais comme quelqu'un qui peut persévérer. Lorsqu'une situation difficile se présente, je me dis « *Tu as appris toute seule à rester calme. Tu peux le faire !* »

10 alternatives aux cris

1. Me parler à moi-même et me dire « *Je peux le faire* » ou « *Rhino Orange, Rhino Orange, Rhino Orange !* »

2. Lever les bras en l'air pour attirer l'attention et prendre une grande inspiration. Ou plutôt, plusieurs.

3. Transformer les mots de colère en charabia : « Oogaschmoogaboga ! »

4. Fermer les yeux et m'imaginer sur une plage, un cocktail à la main, à l'écoute de l'océan.

5. Regarder des photos des garçons quand ils étaient bébés, pour me rappeler qu'ils sont fragiles et que je dois être douce.

6. Courir dans la salle de bain, fermer la porte et hurler dans les toilettes.

7. Dire tout haut « Aujourd'hui va être un grand jour ! » comme dans le film *Jerry Maguire*. Je ris et me surprends à y croire.

8. Prendre un gant de toilette, le mettre sous l'eau chaude puis laver mon visage de toute contrariété.

9. Manger quelque chose de croquant comme une pomme ou des carottes. Ou tenir fermement quelque chose (de la pâte à modeler, une serviette, mes mains).

10. Arrêter ce que je fais et embrasser, rire ou jouer avec les enfants.

Écrivez ci-dessous vos alternatives préférées. Notez celles qui fonctionnent le mieux dans certaines situations.

Éléments déclencheurs (et solutions adaptées)

Problème	Solutions
L'heure du coucher	• Je me rappelle que la précipitation et les cris compliquent la situation. • Je mouille un gant de toilette et me lave le visage comme au spa. • J'opte pour l'aromathérapie (une bougie, de la crème…) • Je me souviens qu'il est important de terminer la journée sur une note d'amour.
Le sentiment d'être débordée	• Je me dis de faire une chose à la fois ; je respire profondément quand je ne me parle pas à moi-même. • Je me répète que je peux le faire. • Je fais des courtes pauses pour prendre soin de moi. • Je fais de l'exercice ; une série de pompes ou de sauts est rapide, facile et efficace.
La fatigue	• Je nous habille, les enfants et moi, en orange pour me rappeler d'être un Rhino Orange. • Je prends de l'air frais. • En prévention, je prévois de crier à l'extérieur avec les enfants ; courir dans un parc et hurler permet de ne pas le faire en rentrant. • Je croise les doigts en espérant que la journée va bien se passer (cas de force majeure !)

Problème	Solutions
Le caractère d'un enfant	• Je cherche et accueille les qualités de l'enfant ; je me les répète et les partage avec lui. • Je crée pour lui des situations de réussite (par exemple, je lui demande de m'aider). • Je me rappelle que nous sommes tous humains et imparfaits ; je ne suis pas toujours facile non plus. • Je passe des bons moments avec l'enfant, ou si vraiment la situation est délicate, je m'en éloigne.
Le repas	• Je m'entoure d'orange. Point. Serviettes, assiettes, couverts orange. Aliments orange. Si je sens qu'un repas va tourner à la catastrophe, je multiplie les pense-bêtes. • J'éteins les lumières, j'allume une bougie et je dis aux enfants qu'on est dans un restaurant chic, le genre d'endroit où vont Papa et Maman (bon, rêvent d'aller). Je mets un peu de musique si nécessaire.
Le désordre dans la chambre (s'applique aussi à tous les comportements escomptés mais non encore assimilés par l'enfant)	• Je mets tous les petits jouets dans des bacs qui roulent sous le lit. Plus de grand déballage sur le plancher qui puisse attaquer mes pieds ! Mon fils tire maintenant ses bacs, trie et construit dedans, puis les repousse sous le lit. Loin des yeux, loin du cœur. • Je prends du recul. C'est juste du désordre. Ce n'est pas la peine de hurler. Je me sens contrariée et agacée ? Oui. Je veux crier ? Non. Par ailleurs, en restant calme et en expliquant pourquoi il faut ranger, j'ai plus de chances que cela arrive maintenant et à l'avenir. • J'aide mon enfant si nécessaire ; en d'autres termes, je me rappelle que nous avons tous besoin d'aide parfois et qu'apprendre à mon fils à en demander est aussi important que de lui apprendre à être autonome. • Je revois mes attentes ; compte tenu de son âge, suis-je en train de lui en demander trop ?

Problème	Solutions
La course du matin	• Je prépare tout ce que je peux la veille. • Je mets des pense-bêtes orange sur les portes et les cartables pour me rappeler de dire « Stop ! » et retrouver mon calme. • Je me souviens que les cris ne nous feront pas arriver plus vite à l'école et pourraient même nous mettre en retard. • Je me rappelle qu'un retard n'est pas la fin du monde, mais plutôt une bonne leçon, pour tout le monde.
Les enfants qui n'écoutent pas	• Je sais que crier n'incitera pas mes enfants à écouter et à mieux réagir, ils feront la sourde oreille. • Je m'interroge « *Ma demande est-elle claire, simple et faisable ?* » Si ce n'est pas le cas, je recommence ! • Je m'interroge encore « *Ai-je bien formulé ma demande ?* » (Ai-je d'abord obtenu leur attention, étions-nous assez proches ?) Si ce n'est pas le cas, je recommence ! • Je demande à l'enfant de répéter ce que je viens de dire pour m'assurer qu'il a entendu et compris. • Je me remémore la citation de Robert Fulghum « Ne vous inquiétez pas que vos enfants ne vous écoutent jamais ; inquiétez-vous qu'ils vous observent toujours. » Cela m'aide à réagir calmement et efficacement.
Les difficultés personnelles	• Je me dis « *Je ne suis pas en colère contre les enfants, je suis contrariée par...* (compléter par le problème). » Puis je m'attache à résoudre mon vrai problème ou je décide de lâcher prise. • J'exprime mes émotions (d'une manière adaptée à l'enfant) et je lui demande un peu de temps ou d'espace. Si c'est impossible, je sors me promener. • J'appelle un ami et évacue ma frustration si le problème persiste ; quand je raccroche le téléphone, je laisse ledit problème en suspens jusqu'à ce que les enfants soient couchés.

Foire aux questions (et réponses appropriées)

1. En cas d'urgence, vous criez ?

Oui, je crie. Si un enfant est en danger (il court dans la rue, il s'apprête à toucher un poêle brulante ou est sur le point de tomber), j'élève la voix pour rapidement obtenir son attention. Mais, je m'assure de crier *pour* lui et pas *contre* lui. Pour moi, il y a une nette différence. Crier *contre* quelqu'un en général, c'est laisser s'envoler des mots cruels et culpabilisants. Mais lorsque vous criez *pour* quelqu'un, le but est d'attirer l'attention, pas d'être blessant. Lorsque j'utilise un « cri d'urgence », je reste simple : « Stop ! Danger ! » L'avantage de ne plus crier, c'est que, lorsque je crie pour une question de sécurité, je suis prise très au sérieux, c'est efficace et je bénéficie de toute l'attention de mes enfants pour leur expliquer ce qui se passe.

2. Comment maintenez-vous la discipline sans crier ?

Je crois que la discipline s'acquiert grâce aux apprentissages. J'ai compris assez rapidement que je ne pouvais rien apprendre aux enfants en criant pour deux raisons : (1) si je crie, je suis inaudible, donc mes enfants ne comprennent pas ce que je veux dire et ne peuvent pas apprendre, et (2) si je crie, mes enfants se braquent, font la sourde oreille et ne sont pas en mesure d'apprendre non plus (exactement comme moi lorsque l'on me crie dessus). Quand j'attends d'eux de la discipline, mieux vaut que j'évite de hurler et attende que nous soyons tous calmes, pour transmettre un message clair, afin qu'ils puissent entendre et accueillir mes propos.

Je sais que la question suivante est « OK. Bon alors, comment leur apprenez-vous la différence entre ce qui est bien et mal ? » Pour être honnête, j'y travaille encore. J'essaie de trouver un équilibre entre les laisser apprendre de leurs bêtises et opter pour le renforcement positif. Plus je suis positive à leur encontre (je ne les surévalue pas mais je ne les dévalorise pas), mieux ils reçoivent et accueillent ce que j'ai à dire. Je m'efforce aussi d'adopter moi-même les comportements que j'attends d'eux.

3. Au secours ! Mon conjoint, ma famille ou la nounou n'est pas d'accord avec ma décision et continue à crier. Que dois-je faire ?

Cette question revient souvent et je réponds toujours « Continuez de croire en votre décision et montrez combien elle fonctionne. Une fois que les résultats seront probants (mais n'oubliez pas d'être patiente en attendant ces résultats), votre conjoint/famille en verra les bénéfices et aura envie de vous imiter. Et si ce n'est pas le cas, rappelez-vous : l'important est de multiplier les moments affectueux dans la vie de votre enfant. Vous y travaillez, vous. Il est préférable que votre enfant reçoive de la tendresse de votre part et des cris de la part de votre conjoint/famille, plutôt qu'il ne connaisse que la colère de tous. Accrochez-vous et vous verrez, vos proches suivront ! »

Une autre solution ? Demandez à vos enfants de dire « Rhino Orange » à votre conjoint/famille pour attirer son attention sur son comportement. Mes enfants ont Rhinorangé une fois leur grand-père, qui était sidéré. Il leur a promis de faire attention et il l'a fait !

4. Les alternatives semblent toutes adaptées aux plus jeunes enfants – et ne fonctionneraient donc pas dans mon cas. Des suggestions ?

Mes alternatives ont pour objectif :

- De rendre le défi plus amusant.
- De trouver le moyen de me calmer.
- De surprendre mes enfants pour obtenir leur attention.
- De dissiper la colère pour tous nous reprendre.

Si vous trouvez qu'elles ne fonctionnent pas pour vous ou que vous êtes mal à l'aise, réfléchissez à d'autres alternatives en respectant les quatre objectifs ci-dessus. Faites preuve d'imagination, osez le ridicule, sortez de vos habitudes. Mais essayez-les toutes ; vous pourriez être surprise de constater qu'elles fonctionnent.

5. Au secours ! J'ai repéré mes éléments déclencheurs, je fais de mon mieux mais je n'y arrive pas ! Que faire ?

- N'abandonnez pas !
- Rappelez-vous, vous vous débarrassez de mauvaises habitudes et cela prend du temps.
- Dites-vous que vous avez déjà fait des progrès en essayant de changer, et que vous êtes sur la bonne voie.
- Fêtez la moindre victoire même si vous pensez qu'elle est ridicule (par exemple, identifier les problèmes ou crier une fois de moins) parce que les tout petits pas sont des étapes importantes et méritent d'être applaudis.
- Creusez la question. Interrogez-vous : faites-vous suffisamment preuve d'honnêteté sur vos éléments déclencheurs ?
- Trouvez un appui et si votre réseau de soutien actuel n'est pas assez encourageant, trouvez-en un autre.
- Assurez-vous de prendre soin de vous, de vous aimer et de vous pardonner les jours difficiles.
- Révisez votre objectif. Assurez-vous qu'il est source de motivation mais pas hors de portée, donc frustrant. Procédez à un réglage pour obtenir une victoire et doper votre confiance.
- Croyez que vous pouvez y arriver. Parce que vous le pouvez. Si crier moins et s'aimer mieux sont importants pour vous, ce que je crois, vous ferez en sorte d'y arriver. Donnez-vous simplement le temps, les moyens et l'amour dont vous avez besoin.

Ressources

Pour vous aider à crier moins et s'aimer mieux, j'ai inclus ici une version vierge de mon outil préféré, **le tableau de bord du Rhino Orange**, ainsi que la façon de l'utiliser. Faites autant de photocopies que vous le souhaitez pour rester sur la bonne voie tout au long de votre voyage.

Sur le rabat à l'arrière de ce livre, vous trouverez le signe du Rhino Orange que les enfants peuvent utiliser pour vous rappeler à l'ordre « Stop ! Ne crie pas ! »

Pour en savoir plus, vous pouvez trouver des conseils et du soutien (en anglais !) :

- Sur mon blog, www.TheOrangeRhino.com
- Sur notre forum en ligne, www.TheOrangeRhino.com/community
- Sur notre page Facebook, www.facebook.com/TheOrangeRhino

Le tableau de bord du Rhino Orange

Comment utiliser cet outil ?

1. Notez chacun de vos cris, ou de vos envies de crier, puis remplissez autant de colonnes que possible, en détaillant la situation au maximum. Notez également les moments où vous n'avez pas crié pour constater votre progression ! Distinguez ces derniers par un astérisque (*).

2. À la fin de la journée, réexaminez le tableau et **entourez** les tendances (des émotions récurrentes, des moments délicats...) Cela vous aidera à repérer rapidement les situations à risques.

3. Après plusieurs jours, **soulignez** les situations gérables, **surlignez** les situations délicates et **encadrez** les situations impossibles. N'oubliez pas les définitions suivantes pour vous aider à faire le tri :

- **Situations gérables :** ce sont les plus faciles, les victoires rapides car une solution simple existe pour supprimer l'élément déclencheur. Exemples : la course du matin (préparer les affaires la veille), le bruit (porter des boules quies ou créer des zones de silence à la maison), les enfants qui oublient de se brosser les dents ou se laver les mains (afficher les bonnes habitudes dans la chambre).
- **Situations délicates :** ce sont des moments particuliers que vous pouvez apprendre à anticiper afin d'être prête quand ils surviennent. Dans certains cas, avec suffisamment de pratique, ils pourraient même disparaître de la liste. Exemples : un conflit conjugal, des tergiversations avec les enfants, une grande fatigue, etc.
- **Situations impossibles :** elles sont hors de votre contrôle, vous ne pouvez pas les faire disparaître ou les adapter à votre emploi du temps. Elles vous hantent probablement tous les jours. Exemples : les problèmes de santé, les événements traumatisants du passé, le comportement des autres. Mais elles ne sont pas forcément toujours dramatiques ou elles ne dureront pas toujours.

Poursuivez votre lecture pour poursuivre votre défi. Si vous avez déjà fini le livre et que vous réexaminez vos éléments déclencheurs parce que vous avez changé, parce que la vie ou les situations ont évolué, suivez de nouveau les trois étapes ci-dessus. Après avoir trié les problématiques, choisissez-en une et gérez-la. Une fois maîtrisée, passez à la suivante. Bon voyage !

LE TABLEAU DE BORD DU RHINO ORANGE (EXEMPLE)

Date et heure	Sur qui ai-je crié ? Ou eu envie de crier ?	Pourquoi ?	Je me sentais comment ? Étais-je déjà contrariée ?	Je faisais quoi avant de crier ?	Que faisaient les enfants ?	Les enfants avaient-il faim, soif, étaient-ils fatigués ?	Ai-je ressenti des symptômes physiques ?	Qu'aurais-je pu faire d'autre ?
6h45	Andrew	Il pleurnichait, mais, honnêtement, j'étais fatiguée	??	J'habillais Mac	??	Soif	??	Préparer des verres d'eau la veille
8h13	James	Il faisait n'importe quoi	En retard pour l'école	Je tentais de préparer le petit déjeuner	??	??	J'avais chaud	Préparer des en-cas la veille
8h53	Tous les quatre !	Ils ne voulaient pas mettre leurs chaussures	En retard, en colère, fatiguée	Je faisais mille choses sur mon smartphone ; je pense que je n'étais pas vraiment là.	Ils jouaient tranquillement	Non mais ils étaient inquiets	??	Poser mon téléphone, les aider, leur donner 5 minutes
18h05	James, Edward, Mac	Ils refusaient de monter	En retard, fatiguée, énervée de manquer de temps	Je rangeais	Ils regardaient tranquillement la télé	Fatigués	Mon cœur s'est emballé	Les prévenir, remettre le ménage à plus tard pour éviter la précipitation

Conclusions: la course du matin est un problème ; j'ai besoin de dormir davantage ; quand je suis occupée et ne donne pas de consignes claires, je peux aussi bien parler dans le vide !

LE TABLEAU DE BORD DU RHINO ORANGE

Date et heure	Sur qui ai-je crié ? Ou eu envie de crier ?	Pourquoi ?	Je me sentais comment ? Étais-je déjà contrariée ?	Je faisais quoi avant de crier ?	Que faisaient les enfants ?	Les enfants avaient-il faim, soif, étaient-ils fatigués ?	Ai-je ressenti des symptômes physiques ?	Qu'aurais-je pu faire d'autre ?

Conclusions:

LE TABLEAU DE BORD DU RHINO ORANGE

Date et heure	Sur qui ai-je crié ? Ou eu envie de crier ?	Pourquoi ?	Je me sentais comment ? Étais-je déjà contrariée ?	Je faisais quoi avant de crier ?	Que faisaient les enfants ?	Les enfants avaient-il faim, soif, étaient-ils fatigués ?	Ai-je ressenti des symptômes physiques ?	Qu'aurais-je pu faire d'autre ?

Conclusions:

LE TABLEAU DE BORD DU RHINO ORANGE

Date et heure	Sur qui ai-je crié ? Ou eu envie de crier ?	Pourquoi ?	Je me sentais comment ? Étais-je déjà contrariée ?	Je faisais quoi avant de crier ?	Que faisaient les enfants ?	Les enfants avaient-il faim, soif, étaient-ils fatigués ?	Ai-je ressenti des symptômes physiques ?	Qu'aurais-je pu faire d'autre ?

Conclusions:

LE TABLEAU DE BORD DU RHINO ORANGE

Date et heure	Sur qui ai-je crié ? Ou eu envie de crier ?	Pourquoi ?	Je me sentais comment ? Étais-je déjà contrariée ?	Je faisais quoi avant de crier ?	Que faisaient les enfants ?	Les enfants avaient-il faim, soif, étaient-ils fatigués ?	Ai-je ressenti des symptômes physiques ?	Qu'aurais-je pu faire d'autre ?

Conclusions :

LE TABLEAU DE BORD DU RHINO ORANGE

Date et heure	Sur qui ai-je crié ? Ou eu envie de crier ?	Pourquoi ?	Je me sentais comment ? Étais-je déjà contrariée ?	Je faisais quoi avant de crier ?	Que faisaient les enfants ?	Les enfants avaient-il faim, soif, étaient-ils fatigués ?	Ai-je ressenti des symptômes physiques ?	Qu'aurais-je pu faire d'autre ?

Conclusions:

Remerciements

Ce livre n'existerait pas sans le soutien et l'amour incroyables que j'ai reçus de tant de gens. À chaque fois que j'ai voulu abandonner le Défi Rhino Orange ou cesser d'écrire parce que j'étais accablée et doutais de mes capacités, chacune de ces personnes, peut-être sciemment mais plus probablement sans le savoir, a trouvé le moyen de m'aider à croire en moi et à continuer d'avancer vers mon but. Pour cela, je leur en serai éternellement, éternellement reconnaissante. (Mince, encore des larmes sur mon ordinateur !)

Tout d'abord, je tiens à remercier mon mari d'avoir cru en moi avant même que je croie en moi ! Je te remercie, Chéri, de toujours – oui, toujours – être à l'écoute quand je tombe et de m'encourager à continuer. Pour la première fois depuis longtemps, je n'ai plus l'impression d'être un lâcheur et c'est bien parce que, toi, tu ne m'as pas lâchée.

Merci à mes garçons, James, Edward, Andrew et Mac, les raisons pour lesquelles je m'efforce chaque jour d'être meilleure. Oui, je vous remercie pour toutes vos petites manigances, car, même si elles me contrarient sur le moment, en fin de compte elles m'aident à grandir en tant que maman et en tant que personne. Je suis de bien meilleure humeur aujourd'hui grâce à vous. Merci d'être les plus grands fans du Rhino Orange !

Merci à mes parents, merci de toujours croire en moi et de soutenir mes rêves. Un merci tout spécial pour votre soutien pendant l'écriture de ce livre ; je sais que vous m'avez donné beaucoup de temps et je vous en suis très reconnaissante !

Merci à mes amis, merci d'avoir toujours pris de mes nouvelles, d'avoir été à l'écoute quand j'avais envie de crier et de ne plus être un Rhino Orange, de m'avoir offert des cadeaux orange quand j'avais besoin d'être motivée. Vous m'avez tous redonné le sourire et je suis plus que fière d'être votre amie. Un grand merci également à tous les thérapeutes et les professeurs de mes garçons qui m'ont non seulement donné de précieux conseils sur la parentalité mais m'ont surtout apporté, à moi comme aux enfants, beaucoup d'amour et de soutien.

Merci à Brooke Linville de Digavise, merci d'avoir compris ma vision du blog et de l'avoir créé. Et au-delà, je te remercie pour ton amitié, tes conseils et tes encouragements constants. Tu as été un puits de force et de science pour moi pendant tout ce voyage. Un grand merci également à Christine DeSavino pour les photographies de ce livre qui sont de précieux cadeaux !

Merci à la communauté du défi Rhino Orange, merci d'avoir cru en moi, de m'avoir encouragée et motivée tous les jours grâce à vos propres parcours et efforts pour crier moins et aimer plus. Notre petite communauté est un endroit rare, fait d'amour, de soutien et d'empathie, et c'est mon plus beau cadeau, votre plus beau cadeau. Je vous remercie de la faire exister et de l'aider à grandir. Tous vos posts et commentaires permettent à notre message d'atteindre de plus en plus de parents – et, par ricochet d'enfants. Collectivement, nous, grâce à vous, avons ouvert le débat sur la colère et aidé tant de gens. Sachant que sans vous, je n'y serais pas arrivée, moi, mais aussi et peut-être surtout, mes quatre garçons, vous disons merci !

Merci à Gail O'Connor, du magazine *Parents*, merci de m'avoir demandé d'écrire un livre, d'avoir cru en mes capacités avant moi, et d'avoir parlé de mon blog à vos lecteurs, ce qui a permis d'accroître son audience et d'aider davantage de parents à se sentir moins seuls et moins coupables. Je remercie également les lecteurs du *Huffington Post* qui ont partagé mon article « Les 10 choses j'ai apprises quand j'ai arrêté de crier sur mes enfants », ce qui a aussi considérablement augmenté ma cote de popularité.

Merci à Rachel Macy Stafford, à Shawn Fink et à toutes les autres bloggeuses rencontrées au cours de ce voyage, merci de m'avoir aidée à rester debout quand je me perdais dans le monde des blogs et des responsabilités parentales ; merci de soutenir mon message et de le partager si facilement ; et merci de rester vous-mêmes – des sources d'inspiration incroyables pour tant de personnes, amis et parents.

Merci enfin à Amanda Waddell de Fairwinds Press, merci de m'avoir trouvée quand j'en avais le plus besoin. Merci à tous ceux qui ont participé à cet ouvrage. Je rêvais d'écrire un livre depuis le lycée et vous avez fait de mon rêve une réalité, particulièrement Winnie Prentiss, Betsy Gammons, Katie Fawkes et Anne Re. Merci de nous avoir compris et accueillis, mon message et moi-même, et de m'avoir aidée à partager ma philosophie.

À propos de l'auteur

Sheila McCraith, plus connue sous le nom du Rhino Orange, est la maman de quatre garçons pleins de vie, âgés aujourd'hui de 8 ans et moins. En janvier 2012, un ouvrier la surprend en train de crier sur ses enfants, ce qui provoque un déclic : il lui faut trouver le moyen d'en finir avec sa mauvaise habitude de hurler. Et c'est ainsi que commence le Défi Rhino Orange, la promesse officielle de tenir 365 jours d'affilée sans crier et l'engagement solennel de ne plus être un rhinocéros gris, cet animal naturellement calme mais qui, en cas de provocation, charge et devient agressif, mais un parent chaleureux, patient et déterminé à rester zen. Avec succès, elle atteint son objectif et le dépasse, grâce à toutes sortes d'astuces amusantes et originales pour dépasser un problème peu amusant et peu original, grâce aussi à l'incroyable soutien de la communauté des Rhinos Orange. À ce jour, elle continue à être l'un d'entre eux.

Pour mieux se responsabiliser au cours du défi et parce qu'elle savait qu'elle avait désespérément besoin d'aide, elle décide de tenir un blog, www.TheOrangeRhino.com. Ce blog raconte son parcours, explique ses prises de consciences et propose des solutions de rechange pour éviter de crier. Écrit dans un style franc, amical, parfois humoristique et toujours enthousiaste, le blog propose aussi un forum pour que les parents et toutes les personnes concernées puissent parler librement de leur volonté d'arrêter de hurler et trouver l'appui dont ils ont besoin. En 2013, le blog de Sheila a gagné le titre du meilleur blog pour vous aider à atteindre votre but, décerné par le magazine *Parents*, et il a été souvent mentionné dans *Huffington Post* et d'autres journaux du monde entier.

Avant d'être mère au foyer, Sheila travaillait dans le marketing et songeait parfois à créer sa propre entreprise autour de l'une de ses nombreuses passions : la décoration, la photographie ou la psychologie positive. Le blog et la communauté Rhino Orange lui ont toutefois fait découvrir sa véritable voie : partager ses grandes difficultés et ses petites victoires pour aider les autres. Voilà exactement ce qu'elle veut faire de sa vie.